Pierre Stutz

Verwundet
bin ich und
aufgehoben

Für eine Spiritualität
der Unvollkommenheit

PENGUIN VERLAG

Die Originalausgabe erschien 2003 im Kösel-Verlag
in der Verlagsgruppe Random House.

Verlagsgruppe Random House FSC® N001967

1. Auflage 2017
Copyright © der deutschsprachigen Ausgabe 2003 im Kösel-Verlag,
in der Verlagsgruppe Random House GmbH,
Neumarkter Straße 28, 81673 München
Umschlag: any.way, Heidi Sorg nach einem Umschlagentwurf von
Agentur Kosch, München
Umschlagfoto: Bildarchiv Kosch
Druck und Bindung: GGP Media GmbH, Pößneck
Printed in Germany
ISBN 978-3-328-10133-8
www.penguin-verlag.de

Dieses Buch ist auch als E-Book erhältlich.

Inhalt

Zur Einstimmung

Vor zehn Jahren bin ich der Kraft der mystischen Lebensgestaltung begegnet. Sie ist mir bis heute zur Lebenshilfe geworden. In einer intensiven Krise stieß ich auf die Biografien und Erfahrungen von christlichen Mystikerinnen und Mystikern, die mein Leben verwandelt haben. Dies war der Anfang eines bewussten spirituellen Weges, den ich seither zu gehen versuche. In all den Jahren rühren mich nicht nur die mystischen Texte, die vom Ankommen, von Ganzheit, von der tiefen Vereinigung mit Gott (unio mystica) sprechen, zutiefst an, sondern auch jene Texte, in denen von Gebrochenheit und Zweifeln erzählt wird. Da atmet meine Seele und mit ihr mein Leib, mein Geist auf: nicht zufällig! Wer menschlich bleibt, bleibt unvollkommen, macht Fehler, kennt Widersprüche, Zerrissenheit, Wunden und Verletzlichkeit. Er wird ausgeglichen, wenn beide Seiten in seinem Leben sein dürfen, die starke und die schwache. Ausgeglichen sein heißt einen Ausgleich schaffen zwischen den konstruktiven und destruktiven Seiten in mir. Wer Perfektionist ist, zu hohe Ansprüche an sich stellt, der unterdrückt seine dunklen Seiten und ist darum unausgeglichen. So spricht mich in der Fülle von Umschreibungen dessen, was Mystik ist, jene Friedrich Nietzsches sehr an: »Wo Sehnsucht und Verzweiflung sich paaren, da entsteht Mystik.«

In diesem Buch halte ich Rückschau auf meinen Weg und erzähle von meiner Sehnsucht, mit anderen zusammen Mensch werden zu können, authentisch in der Entfaltung der Lebenskraft, der Förderung von Visionen und in der Integration meiner Bedürftigkeit, meines Scheiterns, meiner Verunsicherung und Unvollkommenheit. Denn das Ideal der Vollkommenheit stand bis zum 38. Lebensjahr im Zentrum meines Lebens. Mein Idealismus wurde beflügelt, mein Engagement verstärkt, meine Kreativität gefördert. Ich möchte diese Zeit nicht missen. Zugleich aber wurden meine Schattenseiten genährt, indem ich mich grenzenlos überforderte und viel zu hohe Ansprüche an mich stellte. Darum bin ich auch jeden Tag so tief angerührt von Worten aus meinem Tagebuch, die ich nun in mein Leben hineinzuholen versuche: »Du bist anerkannt vor aller Leistung.« Diesen Zuspruch vor allen Ansprüchen zu kennen ist eines; ihm auch emotional zu trauen, ist für mich ein alltägliches Verwandlungserlebnis, das mehr oder weniger gelingt. Von dieser Verwandlung möchte ich erzählen in diesem Buch, indem ich mich erinnere und neben persönlichen Erfahrungen und eigenen Meditationstexten einer Fülle von mystischen Lebenserfahrungen Raum gebe, die meine Sehnsucht wach halten und mein Ringen und Suchen ausdrücken.

Der Grundrhythmus der Kapitel

Ich schaue zurück und versuche zu verstehen, was in diesen zehn Jahren gewachsen ist: Es gelang das Initiieren eines offenen Klosters mit der französischen Ordensgemeinschaft der »Frères des Ecoles Chrétiennes«. In ihm üben heute Frauen und Männer, Verheiratete und Ordensleute mit drei jungen Erwachsenen (Stagiaires) in einer Lebensschule eine Spiritualität im Alltag ein, wo das Schöne und Unangenehme, Verbindende und Unterschiedliche Tag für Tag seinen Platz haben darf. In diese persönlichen Gedanken fließen Symbole und Bilder inneren Wachstums und Reifens ein, die mir auf meinem Entwicklungsweg und in der spirituellen Begleitung der Gäste, die einige Tage an unseren Ort der Stille und der Begegnung kommen, wegweisend sind.

Diese Erfahrungen suche ich in mystischen Texten zu verwurzeln. Ein spiritueller Mensch nimmt wahr was ist, traut seiner Intuition, um darin die göttliche Spur in seinem Leben zu entdecken. Da ich nie alleine Mensch werden kann, gehört es für mich zum Beglückendsten im Leben, wenn ich mich in anderen Erlebnissen wieder finden kann. Dies geschieht im Hier und Jetzt, in der Begegnung mit Menschen, im Faszinierenden und eben auch im Widersprüchlichen des Lebens. Begegnung ereignet sich mit der ganzen Schöpfung und dem Kosmos. Begegnung verdichtet sich bei mir im Meditieren uralter Texte, von denen ich mich angesprochen und verstanden weiß. Über die Jahre habe ich die vier Bände der »Geschichte der abendländischen Mystik« von Kurt Ruh[1] intensiv studiert, meditiert und darin besonders das hervorgehoben, was in den verschiedenen Biografien und Texten an Brüchen, Scheitern, Unvollkommenem zum Ausdruck kommt.

Diese vorzügliche Geschichte der Mystik habe ich ergänzt und vertieft durch viele ältere und neu erschienene Bücher, die eine vielfältige, zum Teil auch unterschiedliche Deutung der Mystik aufweisen. Eine kleine Auswahl dieser gesammelten Texte stelle ich in diesem Buch vor und ich meditiere sie auf meine ganz einfach-persönliche Art. Wie in all meinen spirituellen Büchern setze ich dabei den Akzent auf die existenziellen Erfahrungen der Mystiker/innen und hebe einen Gedanken besonders hervor, der meine Hoffnung nährt und mich meine Zweifel aushalten lässt. Die Selbsterkenntnis und die Gotteserkenntnis fasziniert mich in der Mystik, darum suche ich mich in den uralten Texten. Denn es hilft mir und ich atme auf, wenn ich nicht bei meinen Fragen stecken bleibe und um mich selber kreise, sondern wenn ich meine ringenden Lebenserfahrungen in anderen Biografien erkennen kann, auch in der Existenz von Menschen, die intensiv die Nähe Gottes, das Vereintsein mit ihm gespürt haben. Diese mystischen Texte erhalten daher einen großen Raum. Sie brauchen ihn und auch viel Zeit, um unsere Herzen berühren zu können.

Ich empfehle deshalb, sich selber diese Texte mehrmals laut vorzulesen, um an die bleibende Kraft dieser Erfahrungen heranzukommen. Sinnvoll ist es auch, miteinander in einer Gruppe diese Texte zu lesen, zu meditieren, um austauschen zu können, wo sie mich in meinem Leben erreichen, hinterfragen, beglücken, verunsichern, aufrichten. Mich haben die gesammelten Texte zu einer Spiritualität der Unvollkommenheit ermutigt. Wer einen inneren Erfahrungsweg geht, der begegnet neben den Momenten des Glücks, des Aufgehobenseins, der Seinsverbundenheit auch immer dem Unerlösten, dem Verwundeten, dem Schreienden. Je mehr die Liebe zu allem, zu aller Kreatur, zu Schöpfung und Kosmos und in alledem zum Göttlichen wachsen und reifen kann, umso mehr werde ich ein leiden-schaftlicher Mensch. Compassion, Mitgefühl, Sympathie (griech. Mit-leiden) erlebe ich auf dem Weg in die Tiefe: dem eigenen Leiden gegenüber und dem Schreien all der unterdrückten und missbrauchten Menschen.

Aus der tieferen Verbundenheit mit der göttlichen Gegenwart in allem, erwächst jene mystische Widerstandskraft, die wahr-nimmt was ist. Rosa Luxemburg sagt es treffend: »Laut sagen, was ist – das ist die revolutionärste Tat!«[2] Auf dem Weg nach innen begegne ich dem Schönen und Kraftvollen und dem Widerwärtigen und Bedrohten. Gelassenheit in der mystischen Tradition bedeutet aber nicht cool-Sein, sprich unterkühlt-Sein, sondern sensibel, einfühlsam und engagiert zu werden. Mystische Menschen gehen den persönlichen und politischen Lebensfragen auf den Grund. Dabei begegnen sie auch der eigenen Ohnmacht, dem Begrenztsein. Wenn dies sein darf und mitgeteilt wird, entsteht daraus jene Lebenskraft, die zu engagierter Gelassenheit führt. Ein Engagement, das nicht von Allmachtsfantasien oder von der Angst vor Liebesentzug lebt, sondern vom Hineinwachsen ins Urvertrauen: Mein bescheidener Beitrag genügt und verändert das Ganze. So finde ich mein Gleichgewicht, indem ich mich und die andern als unvollkommen annehme. Im Einklang mit sich selber sein, meint dann nicht das Abspalten und Verdrängen meiner dunklen, destruktiven Seiten, sondern die Annahme dieser Wirklichkeit, damit sie verwandelt werden kann. Ausgeglichene Menschen lernen alltäglich diese Spannung auszuhalten. Dies gelingt mir, wenn ich Distanz zu den Ereignissen schaffe, den heiligen Raum in mir betrete, wo niemand Zutritt hat, wo mich die Erwartungen und Ansprüche nicht erreichen, wo ich einfach sein darf – vor allem Tun.

Meine eigenen Meditationstexte, die sich am Ende jedes Kapitels finden, leben von dieser Grundhaltung des Mir-Raum-Schaffens. Sie sind im Sommer 1999 während einer dreißigtägigen Schweigezeit[3] entstanden. Sie atmen die Sehnsucht, gelassener werden zu können und leerer – angenommen und anerkannt in meinem Sosein. Sie sind Ausdruck der Gebrochenheit, des Schmerzes, des Unerfülltsein, das eben zu jedem echten, authentischen, geerdeten spirituellen Weg gehört. Damals stand ich vor der schwierigen Entscheidung, einmal mehr mein Begrenztsein annehmen zu können. Denn das erfreuliche Wachsen unseres spirituellen Zentrums brachte für mich auch viel Überforderung. Ich spürte, dass auch ich dieses Projekt nicht alleine retten kann und muss. Doch der Weg zu dieser Erkenntnis hinter den wenigen Worten war sehr schmerzvoll. Es bedeutete für mich, zu meinen Grenzen zu stehen und allenfalls die Konsequenz verantworten zu können, dass unser Klosterprojekt beendet werden müsste, falls nicht jemand an meiner Stelle die Leitung übernehmen würde. Eine Person mit Charisma, auch die notwendigen rechtlichen Schritte anzugehen, wie den Aufbau eines Trägervereins, damit die Zukunft auch durch regelmäßige finanzielle Unterstützung (Sponsoring) gesichert wird. In solchen Entscheidungssituationen war ich wie früher schon auf mich selber zurückgeworfen. Das Aushalten dieser Durststrecke hat sich aber gelohnt. Ich bin innerlich freier geworden, konnte das offene Kloster loslassen, um mich paradoxerweise freier dafür zu engagieren. Die Früchte dieser schwierigen Zeit verdichteten sich in meinem Tagebuch mit folgenden Worten: »Falls das Projekt Fontaine-André keine Zukunft hätte, wüsste ich nicht, wohin ich gehen würde. Doch ich muss es nicht mehr wissen.«

Das Ringen um und Suchen nach Lösungen brauchten danach noch viel Zeit. Ein Jahr später, am 1. August 2000, hat die Gemeinschaft der Frères Martin Steiner Wedenig mit der Leitung beauftragt, wofür ich zutiefst dankbar bin.

Die Meditationstexte sind tagebuchartig entstanden, in wenigen Minuten der Standortbestimmung. Das Datum und die Uhrzeit, die ich dazu notiert habe, möchten eine Hilfe sein, um das Auf und Ab in diesem Ringen verstehen zu können. Ich veröffentliche diese sehr persönlichen Gebete als Ermutigung an die Leserinnen und Leser für eine Spiritualität der Unvollkommenheit.

So weit war der Text gediehen, als ich ihn Ende Februar 2002 meinem Lektor Winfried Nonhoff abgab. Dabei ahnte ich selber noch nicht, dass diesem Buch eine wesentliche Seite beigefügt wird: mein Coming Out, mein Geradestehen für meine Homosexualität: eine Seite, die zu mir gehört und auf die ich mich nicht reduzieren lasse, wie ich es Ende Juni 2002 an die Mitglieder des Freundeskreises von Fontaine-André geschrieben habe. Dieser Brief ist die Frucht meines Schreibens, insbesondere die Frucht gerade dieses Buches. Sie stärkte in mir die befreiende Kraft, um auch die schmerzliche Konsequenz der Niederlegung meines Priesteramtes zu ertragen. Ich danke all den Hunderten von Menschen, die mir durch ihre Briefe und in Begegnungen ihren Dank und ihre Solidarität ausgedrückt haben. Ihnen allen sei dieses Buch gewidmet. Möge es zu einer befreienden Spiritualität bewegen, die einen wohlwollenderen Umgang mit sich selber befördert, damit dadurch das Rückgrat für ein kraftvolles Engagement für Frieden in Gerechtigkeit und in Bewahrung der Schöpfung gestärkt wird .

Pierre Stutz   Lausanne, 7. November 2002

Weg-Leitung zum Lesen

Liebe Leserin, lieber Leser!

Ich wage dich mit dem vertrauten Du anzusprechen, denn ein mystischer Weg ist immer ein persönlicher Begegnungsweg. So wie ich mich seit Jahren mit Mystikerinnen und Mystikern in freiem Gespräch befinde, mit einer Teresa von Avila, einem Meister Eckhart, einer Hildegard von Bingen oder einem Johannes vom Kreuz, so möchte ich dir nach dem Vorwort nochmals ein paar Lese-Weg-Leitungen mitgeben: Anregungen, die in aller Freiheit aufgenommen werden können.

Das Buch ist ein Wegbuch, es erzählt von meinem Weg: Doch vielmehr möchte es zu *deinem* ganz persönlichen Wegbuch werden. So verstehe ich meine Aufgabe: Worte vorzulegen, damit andere Menschen sich darin wiederfinden können und so durch Bestärkung und allenfalls Widerstände ihren ureigenen Erfahrungen trauen.

Drei Grundhaltungen sind mir in dieser Spiritualität wichtig geworden:

Wahrnehmen, was ist, um darin die göttliche Spur zu erkennen. Ich frage mich also nicht zuerst, wie ich sein *sollte* und was ich noch alles tun *müsste*, sondern ich versuche, Tag für Tag meinen kraftvollen und widersprüchlichen Erlebnissen zu trauen. Dazu brauchen wir Innehalten, Zurück-Treten aus dem Alltag, um in und aus der Tiefe zu vernehmen, was uns bewegt, verunsichert, bestärkt, beängstigt. Dies kann in der Stille und auch in der Bewegung – beim Spaziergang, im Sport zum Beispiel – geschehen. Wir gehen in eine Lebensschule der Achtsamkeit, der Aufmerksamkeit.

Als Ermutigung bringe ich in diesem Schritt meine persönlichen Erfahrungen ein, damit auch du als Leserin und als Leser nicht zu weit suchst, nicht ein Leben lang auf die große Erleuchtung wartest, sondern in deinem ganz persönlichen Weg, im ganz Alltäglichen das Wunderbare erkennst.

Ein spiritueller Weg öffnet weite Räume der Verbundenheit und nährt die Erinnerung, dass ich nie Einzelne oder Einzelner bin, sondern immer Teil eines Ganzen. Die ausgewählten mystischen Texte laden dich ein, dich zu verwurzeln, um das Verbindende in deinen Erfahrungen zu erkennen, ohne dabei die Verschiedenheit aufzuheben. Keine einfachen Texte sind das. Sei nicht erstaunt, wenn du beim ersten Lesen befremdet bist, nicht verstehst. Mir geht es oft so, obwohl ich seit Jahren intensiv mystische Texte meditiere. Dabei komme ich mir wie ein Archäologe vor, der Schicht um Schicht abbaut, um zum Kern, zum kostbaren Ursprünglichen, zum Schatz vorzustoßen. Mystikerinnen und Mystiker waren wie wir Kinder ihrer Zeit, geprägt vom jeweiligen Menschen- und Gottesbild. Angesichts der Inquisition mussten sie beispielsweise klug wie die Schlangen sein und sich schützen in ihren schriftlichen Äußerungen. Trotzdem ließen sie sich nicht abhalten, ihren inneren Bildern und ihrer Intuition zu trauen und sie auszudrücken, als bleibendes Zeugnis und als Ermutigung für jede und jeden von uns.

Nimm dir also Zeit für diese Lebensweisheiten, lies sie dir und anderen mehrmals laut vor. Falls dich ein Text anspricht, berührt, herausfordert, schreib ihn in deiner Handschrift ab, trag ihn mit dir herum, lies ihn immer wieder, lege ihn vor dich hin zu Hause, am Arbeitsplatz, damit du dir Wesentliches aneignen kannst: nicht als Kopie, sondern als Bestärkung, ein *Original* zu bleiben!

Komme ins Gespräch mit anderen, in der Familie, im Freundeskreis. Gründe vielleicht eine Lesegruppe, um regelmäßig Texte zu lesen, zu meditieren, zu besprechen.

Ein mystischer Weg lebt von der kritischen Auseinandersetzung mit dem Leben und seinen brennenden Fragen. Ein mystischer Weg taucht ein in den Lebensfluss, lässt sich berühren vom Glück, von Zärtlichkeit und vom Staunen. Mystische Erfahrungen sind für mich jene Erfahrungen, in denen Raum und Zeit wie aufgehoben erscheinen, ich denen ich spüre, wie mich das Wesentliche übersteigt, wie ich zwischen Erde und Himmel stehe. Ein mystischer Weg ist ein Erfahrungsweg, um dem Unsagbaren einen Ausdruck zu verleihen. Meine Meditationstexte stehen für diesen inneren Vollzug, der ansteht nach dem Wahrnehmen dessen, was ist und dem Verwurzeln in uralten Texten. Das leere weiße Blatt am Ende jedes Kapitels will kraftvolles Symbol sein für diese Wirklichkeit. Im mystischen Paradox: Nach all den Worten lass die Leere auf dich wirken, lass alles Gelesene los, um deine ureigene Ausdrucksweise zu finden. Das leere Blatt, das einlädt *deine* Fülle zu erkennen, indem du selber ein paar Worte schreibst, eine Zeichnung entstehen lässt, ein Bild hineinklebst, einigen Farben Raum schenkst ... in der Grundhaltung dieses Buches: Entfalte dich – gerade in und trotz der uns allen gemeinsamen Unvollkommenheit!

Persönliche Notizen

1 | Von der Würde des Begrenztseins

Beim Besuch einer Künstlerin fiel mir die große, weiße Leinwand auf, die noch völlig unberührt ist.

»Seit Wochen stehe ich vor dieser weißen Leinwand«, sagte mir Elisabeth.

»Weißt du, mit dem ersten Strich ist alles entschieden und begrenzt!«

Ich tat mir schwer mit ihrer Aussage. Ein Strich nimmt so einen kleinen Platz ein auf dieser großen Fläche, da ist doch noch alles möglich. Wie bei allem, was mich anspricht oder herausfordert: Ich nehme es mit auf meinen Weg. Jahre danach, als ich wieder einmal tagelang vor einem weißen Blatt sitze, erinnere ich mich an diesen Satz. »Ja, genau!« Die Ideen zum Schreiben fehlen mir bis jetzt nicht. Ich verfolge immer verschiedene Buchprojekte, die im Entstehen sind. Das gefällt mir, weil mir die Offenheit wichtig ist und ich mich mit der Einseitigkeit nicht anfreunden kann. Trotzdem kenne ich immer wieder große Geburtswehen beim Schreiben eines Buches. Der erste Satz ist entscheidend, weil ich mit dem Niederschreiben Ja sage zu meiner Begrenzung. Solange ich im Bereich der Ideen bleibe, ist alles möglich. Sobald ich jedoch den ersten Satz schreibe, entscheide ich mich für die eingegrenzte Sicht eines Themas. Manchmal winde ich mich sehr lange, habe Bauchschmerzen und eine große Unruhe in mir, bis ich die ersten Worte geschrieben habe. Denn damit gestehe ich mir ein, dass ich in einer Fülle von Möglichkeiten diese eine auswähle und mit ihr in die Tiefe gehe. In diesem Geburtsprozess lerne ich, mir wohlwollend in meinem Begrenztsein zu begegnen.

Die Entstehung unseres »offenen Klosters« lebte auch aus dieser Spiritualität. Es entstand aus der Begegnung von Menschen, die in einer Grenzsituation waren und miteinander rangen und suchten, um darin eine neue Entwicklungschance zu erkennen. Nie und nimmer hätte ich gedacht, dass ich in der Abbaye de Fontaine-André, einem ehemaligen Prämonstratenserkloster, ein › offenes Kloster‹ initiieren würde. Als 15-Jähriger habe ich mit Begeisterung diesen Kraftort am Rande der Stadt Neuchâtel in der Westschweiz entdeckt. Ich war ein Jahr lang Schüler im Institut Catholique, das die Frères des Ecoles Chrétiennes (Christliche Schulbrüder), eine französische Ordensgemeinschaft, leiteten. Von den 180 Schülern mussten 60 in einem ehemaligen Kloster übernachten, das im 19. Jahrhundert als Patrizierhaus aufgebaut und 1954 von den Frères gekauft wurde. So habe ich ein Jahr lang an einem wunderschönen spirituellen Ort »nur« geschlafen; abends um neun Uhr kamen wir da an und morgens um sechs Uhr gingen wir zu dem Hauptschulgebäude in der Stadt.

In diesem Jahr begegnete ich einer offenen, menschenfreundlichen Kirche, die vom Menschen ausgeht, ganz besonders von den Kindern und Jugendlichen. Der heilige Jean-Baptiste de La Salle (1651-1719) hatte diesen Orden gegründet, damit Kinder und Jugendliche eine Zukunftsperspektive in ihrem Leben erhalten. Nach ihm kann nur dann glaubwürdig vom Evangelium (= Gute Nachricht) gesprochen werden, wenn die Kinder und Jugendlichen zuerst das Lebensnotwendige erhalten: neben Essen und Trinken sollten sie auch schreiben und lesen lernen. So hat er Lebensschulen gegründet, an denen die Lehrer nicht nur unterrichten, sondern mit den Schülern auch zusammenleben. Diese lebensnahe Spiritualität, die nicht in großen Ideen sich entfaltet, sondern im konkreten Zusammenleben, hat mich befreiend geprägt. Darum bin ich als Zwanzig-jähriger in diesen Lehrerorden eingetreten und habe meine ers-ten spirituellen Lehrlingserfahrungen (Noviziat) gemacht, im-mer im konkreten Kontakt mit Jugendlichen. Bis heute ist mir dies ein zentrales Anliegen: Spiritualität in der Auseinander-setzung mit dem Leben in seiner ganzen Vielfalt, seiner Faszinati-on und Widersprüchlichkeit, eben im Alltag zu leben und zu vertiefen. Nach vier Jahren spürte ich, dass mich mein Weg weiterführt und ich nicht Lehrer werden wollte. Zugleich machte mir schon damals die Überalterung dieses Ordens zu schaffen. So erneuerte ich mein Versprechen im Orden nicht mehr und fing 1978 das Theologiestudium in Luzern an. Dies in der Optik eines Jean-Baptiste de La Salle, die Option für die Jugend zu ergreifen, das Theologiestudium aus der Sicht der Jüngsten, der Kinder und Jugendlichen zu absolvieren – mit dem Ziel, Jugendseelsorger zu werden. 1985 bin ich von Bi-schof Otto Wüest zum Priester geweiht worden, als Diözesan-priester des Bistums Basel.

Sieben Jahre danach geriet ich in eine große, innere Not. Physisch, psychisch und spirituell war ich am Ende meiner Kräfte. Ich hatte mich zu sehr verausgabt, grenzenlos gelebt, weil ich mein Begrenztsein nicht annehmen wollte. Eine wo-chenlange Schlaflosigkeit, gegen die ich ohne Erfolg vehement ankämpfte, verstärkte meinen Leidensdruck von Tag zu Tag.

In dieser verzweifelten Situation erinnerte ich mich in einer dieser schrecklichen, schlaflosen Nächte an eine Postkarte von Fontaine-André, die ich als Internatsschüler meinen Eltern ge-sandt hatte: »Es ist nicht normal, dass wir an einem so wunder-schönen Ort nur schlafen!« In den dunkelsten Stunden meines Lebens kam mir ein unscheinbares, inneres Bild entgegen: das Bild der Quelle von Fontaine-André, die seit Jahrhunderten bis heute fließt, um uns Menschen an unsere innere Quelle zu erin-nern. In meiner Schlaflosigkeit weckte diese Postkarte in mir die Sehnsucht, an jener Quelle meinen Schlaf wieder finden zu können. Obwohl mir viele Mitmenschen – auch meine besten Freunde – abgeraten hatten, zurück nach Neuchâtel zu gehen, war ich, ohne zu wissen warum, angezogen von diesem »Zurück zur Quelle«. Vorgesehen waren einige Monate und nun war ich 10 Jahre hier! Ich kam, um mich zu erholen und ich konnte mich nicht erholen von diesem Ort!

In jener schwierigen Umbruchszeit habe ich die Würde des Begrenztseins erfahren. Ich selber wusste nicht mehr weiter. Auch die Frères, von denen viele 60 Jahre und älter geworden sind, fragten sich, wie dieser Ort eine Zukunft haben könnte. Aus dem Teilen und Aushalten dieser Not ist unser »offenes Kloster« entstanden. Zu dritt haben wir angefangen. Uns war von Anfang klar, dass wir sehr eingeschränkt agieren mussten und nichts Besonderes möglich sein würde. Glücklicherweise sahen wir immer mehr die Stärke in dieser Schwäche: Da sein genügt!

Diese Lebensweisheit verband uns. Inzwischen sind es 10 Personen, die hier miteinander leben, arbeiten, beten, essen und trinken, streiten und hoffen. Alle vom Kernteam – Frauen, Männer, Verheiratete, Brüder, Schwestern, Priester – verbindet diese aufrichtende Erfahrung des Aushaltens und Teilens eines scheinbar ausweglosen Weges, um aus dieser Begrenztheit eine neue Lebens- und Glaubensperspektive zu finden. Die drei Stagiaires – junge Erwachsene, die einige Monate mit uns leben und arbeiten – und all die vielen Einzelgäste und Gruppen, die zu uns kommen, bestärken uns, die Glut dieser Einfachheit zu hüten, weil uns allen dadurch Hoffnungsfunken geschenkt werden.

Mystische Vertiefung 1

»Für jene, die andere unterrichten, braucht es eine besondere Aufmerksamkeit, um jeden Einzelnen zu kennen und ihm gerecht zu werden und um unterscheiden zu können, welche Art und Weise der Begleitung ihm hilfreich sein kann: Die einen brauchen mehr Entgegenkommen und Weichheit und andere mehr Entschiedenheit und wohlwollende Härte; einige brauchen mehr Geduld und Verständnis; für die Entwicklung anderer ist es wichtig, sie herauszufordern und zu konfrontieren; wieder andere, die sich verlieren und zerrissen sind, brauchen enge Grenzen, um aus ihren Fehlern lernen zu können. Diese Begleitung lebt vom Erkennen der Eigenart jedes Menschen und von der Unterscheidung der Geister. Bittet Gott immer wieder um diese Grundhaltung, um diese Qualität, unterscheiden zu können; sie ist im Begleiten von größter Notwendigkeit.«[4]

Jean-Baptiste de La Salle (1651-1719)

De La Salle hat seine »Méditations« für seine frères, für Lehrer also geschrieben. Doch lässt sich darin jene spirituelle Grundhaltung erkennen, die in allen Lebenssituationen wegweisend sein kann. Es geht um den tiefen Respekt und die große Achtung vor der Einmaligkeit jeder Person, die besonders auch in Grenzsituationen, in der Verschiedenheit auf dem Prüfstand ist. Wenn alle gleicher Meinung sind, ist es einfach, einander in Würde zu begegnen. Unsere tiefste Sehnsucht geht jedoch dahin, in der Verschiedenheit, in der Begrenztheit, in der Behinderung, im Unverständnis seine Würde zu erfahren. Dazu ermutigt die Spiritualität von Jean-Baptiste de La Salle, weil er vom Einzelnen ausgeht und weil er immer wieder betont, dass es entscheidend ist, »die Herzen zu berühren«. Dies kann nur in Beziehung, in dialogischen Sozialformen geschehen, in denen eine Anerkennungs- und Konfliktkultur eingeübt wird. Dieser Herausforderung versuchten wir uns in unserer Drei-Generationen-Gemeinschaft zu stellen , indem wir nicht nur im Zweiergespräch einander Anerkennung zusprechen und Konflikte austragen, sondern in der Gesamtgemeinschaft.

Dies befördert eine besondere, heilende Dynamik: vor allen anderen jemandem mitteilen, was mir gut getan hat, mich berührt und bestärkt hat. Das ist für mich genauso schwierig, wie vor allen anderen jemandem mitzuteilen, womit ich mich schwer tue. Denn in beiden Fällen erzähle ich so auch von mir, von dem, was ich zum Leben brauche und woran ich mich in meiner Entwicklung stoße.

Mystische Vertiefung 2

»Die Helligkeit deines Wollens betrachtest du als
Hausgenossen,
den Schatten der weltlichen Mühsal siehst du als Fremdling an.
Du gestattest nicht, dass sie sich miteinander vereinigen
und spürst daher häufig Ermüdung in deinem Geiste.
Denn dein Streben zu Gott und dein Mühen
um das Volk siehst du nicht als Einheit.
Und doch kann beides, ob du mit gutem Streben
zum Himmlischen aufseufzest
oder dich in Gott für das Volk mühst,
zu einem Verdienst verbunden werden.
So hing auch Christus dem Himmlischen an und
neigte sich doch zugleich vom Volke zu.«[5]

Hildegard von Bingen (1098-1179)

In dem Brief an Bischof Eberhard von Salzburg entfaltet Hildegard, die große Mystikerin, Heilkundige, Visionärin, Naturforscherin, Dichterin und Komponistin, mit Klugheit ein zentrales Lebensthema eines jeden Menschen, nämlich Licht und Schatten in sich zu integrieren. Spirituelle Menschen reißen die verschiedenen Erfahrungsbereiche nicht auseinander, sondern üben Tag für Tag neu ein, sie miteinander zu verbinden. Vollkommen bin ich, wenn beide Seiten in mir leben dürfen, die helle und die dunkle. Wie viele Mystikerinnen, so hat auch Hildegard dies am eigenen Leibe erfahren. Es war nicht nur ihre besondere Begabung, sondern auch ihr Begrenztsein, ihre Krankheit (wie bei Gertrud der Großen, Juliana von Norwich und Teresa von Avila), die sie reifen ließ. Ihr erster Biograf, Mönch Gottfried, charakterisiert sie so: »Beinahe von Kindheit an hatte sie fast ständig an schmerzlichen Krankheiten zu leiden, sodass sie nur selten gehen konnte. Und da ihr ganzer Körper ununterbrochen Schwankungen unterworfen war, glich ihr Leben dem Bild eines kostbaren Sterbens. Was aber an Kräften des äußeren Menschen abging, das wuchs dem inneren durch den Geist der Weisheit und Stärke zu.«[6]

Auch in ihrem heilenden Wirken, als Ärztin und Apothekerin, konkretisiert sich die uralte griechische Lebensweisheit: »Nur der Arzt, der selber verwundet ist, kann heilen.« Durch sie finde ich einen anderen Zugang zu meinem Kranksein, indem ich sie nicht mehr bekämpfe, sondern mich frage, welche Perspektive mir diese Krankheit eröffnet. Das Unangenehme bleibt, der Schmerz tut weh, die diffuse Angst ist trotzdem da, doch kann ich als Kranker üben, meinen Grenzen wohlwollend zu begegnen und zugleich all den Kranken, auch unheilbar Kranken, Behinderten, Sterbenden nahe sein. Schon Hildegard spricht von der Einheit von Leib-Seele-Geist, die auf den psychosomatischen Hintergrund jeder Krankheit verweist. Dass dieser ganzheitliche Ansatz viele Menschen zu Schuldzuweisungen an sich und ihre Lebensumstände verleitet, zeigt, wie eine krankmachende Vollkommenheitsidee, die immer alles erklären will, genau das Gegenteil bewirkt und das Annehmen von Grenzen verhindert. Rüdiger Dahle, der die Krankheit als Sprache der Seele versteht, betont zu Recht: »Wer seinen Zeigefinger zur Waffe macht und andere ›deutend‹ ihrer Krankheitsbilder bezichtigt oder sich diesbezüglich selber beschuldigt, verrät außerdem, dass er den ganzen Ansatz missverstanden hat ... Bei diesem schwierigsten Thema unserer Existenz ist im Gegenteil besonders behutsames Vorgehen notwendig. Der Betroffene braucht seine ganze Kraft und von Seiten der Umwelt viel Raum, um in kleinen eigenen Schritten seinen Bezug zu dem im Krankheitsbild ausgedrückten Thema zu entdecken. Dabei erweist sich Wertung als ebenso hinderlich, wie Deutung sinnvoll ist.«[7]

Mystische Vertiefung 3

 »Es jubelt das Gemüt, es erhellt sich der Geist,
das Herz wird erleuchtet, die Sehnsüchte werden erfüllt.
Schon sehe ich mich anderswo und ich weiß nicht wo
und ich empfinde in meinem Innern gleichsam
die Umarmungen der Liebe, weiß aber nicht, was es bedeutet,
bemühe mich indes, es immer festzuhalten und niemals mehr
zu verlieren ...
Der Geliebte kommt unsichtbar, in der Heimlichkeit,
er kann nicht ergriffen werden.
Er kommt, um dich sanft zu berühren,
nicht um von dir erblickt zu werden.
Er kommt zu deiner Ermahnung,
nicht um von dir umfangen zu werden.
Er kommt nicht, um ganz in dich einzutauchen,
sondern er bietet sich an zum Kosten.
Er kommt nicht, um deine Sehnsucht zu erfüllen,
sondern deine Liebe an sich zu ziehen.
Er reicht die Erstlingsgaben seiner Liebe dar,
gewährt nicht die Fülle des vollkommenen Genießens.«[8]

Hugo von St. Viktor (1097-1141)

Liebe und Erkenntnis stehen im Zentrum der Mystik von Hugo von St. Viktor. Voller Herzensinnigkeit spricht er von seinen Sehnsüchten und seinen Erfahrungen des Geliebtwerdens, die er festhalten und nie mehr verlieren möchte. Er spricht auch von der weisen Erkenntnis, dass alle Erfahrungen des Glücks, der Liebe, der Hoffnung, des Vertrauens, des Glaubens immer begrenzt sind. Wir können ohne sie nicht leben, wir brauchen sie und zugleich sind wir herausgefordert anzunehmen, dass wir sie nicht ergreifen, nicht sehen und nicht festhalten können.

Beim Besuch des Museums Unterlinden in Colmar bleibe ich lange vor dem Isenheimer Altar von Grünewald stehen, insbesondere vor dem Gemälde des Auferstandenen mit den Wundmalen. Er-lösung erfahren wir in unserem Leben, wenn wir uns lösen von der Vorstellung, dass die Narben unsichtbar bleiben. Der erlöste Mensch ist der begrenzte Mensch, der zu seinen Wundmalen steht.

Wir alle erfahren uns durch die Ereignisse des Lebens in gewissen Entfaltungsmöglichkeiten als eingeschränkt, behindert. Wenn wir uns lange Zeit lassen, um dazu Ja zu sagen, ersteht uns eine neue Lebensqualität: Auferstehung hier und jetzt. Verwundbar, verletzlich, berührbar bleiben ist das Ziel eines spirituellen Weges. Sich darin nicht verlieren, nicht in der Opferrolle bleiben, ist uns verheißen im Annehmen unserer wunden Punkte und im Wissen um unsere blinden Flecken.

Mystische Vertiefung 4

»Danach ließ mich unser Herr ein erhabenes
geistliches Wohlgefallen in meiner Seele schauen.
In diesem Wohlgefallen wurde ich von einem
ewig währenden Geborgensein erfüllt,
wurde machtvoll gefestigt und verlor alle Furcht.
Mir war bei diesem Gefühl so froh und gut zumute,
dass ich mich in Frieden, Behagen und Ruhe befand
und nichts auf Erden war, was mich hätte betrüben können.
Dies aber währte nur eine kurze Weile,
und dann wandelte sich mein Gefühl,
und ich wurde mir allein überlassen,
bedrückt, überdrüssig meiner selbst
und ärgerlich über mein Leben,
sodass ich kaum Geduld zum Weiterleben aufbrachte.
Kein Wohlbehagen, kein Trost war da,
so empfand ich es;
nur Glaube, Hoffnung, Liebe;
die besaß ich in Wahrheit,
doch ich empfand es nur wenig.
Und gleich darauf schenkte Gott
mir wieder den Trost und die Ruhe der Seele
und eine so gesegnete und mächtige Freude
und Sicherheit, dass weder Furcht noch Kummer,
noch leibliche oder geistige Pein, die ich hätte erleiden können,
mich um meine Ruhe gebracht hätten.
Dann zeigte sich wieder die Pein in meinem Gefühl
und danach wieder die Freude und das Wohlbehagen,
bald das eine, bald das andere zu verschiedenen Malen
und es mag wohl zwanzig Mal so gewesen sein.«[9]

Juliana von Norwich (1342-1416)

Welch eine Wohltat für meine Seele: diese Erfahrungen der englischen Einsiedlerin, die schöpfungszentriert und erdverbunden von der Mütterlichkeit Gottes erzählt! Welch eine Lebendigkeit, wenn Menschen ehrlich bleiben und von *all* ihren Empfindungen erzählen!

Im fortlaufenden Text erstaunt die eigene Deutung, in der Juliana den Zusammenhang mit Schuld ausschließt. Sie ist nicht schuld an den verschiedenen Stimmungen, sondern sie gehören zu einer lebendigen Gottesbeziehung: »Gott will, dass wir wissen, dass Er uns in Wohl und Weh immer in der gleichen Hut erhält und uns in Wohl und in Weh immer gleich liebt, und dass es manchmal einer Seele nützt, wenn der Mensch sich allein überlassen bleibt, auch wenn nicht die Sünde der Grund dafür ist; denn damals hatte ich nichts verbrochen, wofür ich verdient hätte, mir allein überlassen zu werden, ebenso wenig wie ich dieses segensvolle Gefühl verdient hatte.«[10] Diese Worte zeugen für mich von einer gesunden Spiritualität, in der Gott nicht »meine Droge ist«, die mich von allen schwierigen Erfahrungen verschont, sondern in der Gott mich erwachsen werden lässt.

Mechthild von Magdeburg sagt dies ebenso pointiert: »Dass ist Kindesliebe, dass man Kinder stille und wiege. Ich bin eine vollerwachsene Braut, ich will gehen zu meinem Traut.«[11] Als eigenständige Frau wehrt sie sich, wenn ihr die üblichen Tugenden einer frommen Frau anempfohlen werden. Die Begegnung mit der Mystik ermutigt mich zu dieser inneren Freiheit. Ich wende sie auch konkret an beim Lesen und Meditieren der Texte. Es braucht Geduld und Entschiedenheit. Bei Juliana von Norwich – wie bei anderen auch – brauchte ich mehrere Anläufe, um auf die Perle dieses Textes zu stoßen. Mystikerinnen und Mystiker sind wie wir alle Kinder ihrer Zeit. So spricht sie von Sündenbewusstsein und vom Leiden in einer Art, der ich wenig abgewinnen kann. Auch ihr Eingeschlossensein in ihrer Zelle verstehen wir heute kaum mehr.

Genau da aber lässt sich die Würde der Begrenztheit konkretisieren, indem ich mir das hole, was meine Seele nährt – nicht aus Beliebigkeit, sondern aus Eigenverantwortung, zu der die Mystik bestärkt. In dieser Freiheit entdecke ich dann zeitlose Symbole, wie die drei Fenster in der Zelle einer Klausnerin: ein Sakramentsfenster, um aus der anliegenden Kirche die Kommunion empfangen zu können; ein zweites Fenster, durch das sie Essen und Trinken erhält; ein drittes, durch das sie mit den Menschen der Außenwelt sprechen kann[12]. In dieser strengsten Form lässt sich das finden, was wir zum Wachstum und Reifen als Nahrung brauchen: die Gegenwart Gottes, das Empfangen und das Weiterschenken.

Meditationstexte

Monströs können Menschen sein
Vergewaltigung
Folter
Kinder mit Genickschuss getötet
ganze Dörfer zerstört

Monströs kann Gewalt sein
ganz in der Nähe
in der behüteten Nachbarschaft
wo die Schreie der Kinder
im Lärm der Fernsehanstalten
untergehen

Wie wilde Tiere
können Menschen sein
noch schlimmer sogar
noch dämonischer
noch perverser

Es gibt keine Worte
das abzuschwächen
zu erklären
in ein System
eine Ideologie
einen Glaubensweg
einzuordnen

Und doch bleibt die Hoffnung
dass ein Engel aufscheint
in all dieser himmelschreienden Not

19. Juli 1999, 18.00 Uhr

Mich einbringen
und mitteilen
mich zumuten

Dankbar erfahren
wie alte Muster
die im ersten Moment
immer noch auftauchen
nicht mehr tragen

Heute dankbar erlebt
wie meine Angst vor Ablehnung
unberechtigt war

Kraftvoll erfahren
wie ich mich nicht
in die Spirale des Misstrauens
hineinziehen ließ

Zutiefst zur Hoffnung
bewegt von dir

19. Juli 1999, 21.00 Uhr

Was immer an Verwundungen
sich in meinem Leben
angehäuft hat

Mag noch so Schreckliches passiert sein
ich will mein Leben
nicht auf diese Verletzung reduzieren

Ich bin mehr als all das
und zum befreiten Leben gerufen

Auch wenn ich mich
körperlich-seelisch behindert fühle
so kann sich auch darin
meine Lebenskraft zeigen
die durch die Behinderung hindurch
noch mehr entfaltet werden will

Dank dir

20. Juli 1999, 14.00 Uhr

Persönliche Notizen

2 | Vom Ganzwerden im Loslassen

Eine prägende Erfahrung auf meinem spirituellen Weg ist das Läuten der Glocke. In unserem »offenen Kloster«, in dem ich wohne, gibt es nur eine kleine Glocke. Als ich vor zehn Jahren ankam, bat mich frère François »rasch« die Glocke zu läuten. Ich ging vor die Haustüre und zog ganz sachte am Seil. Die Glocke läutete nicht. Ich zog immer fester und auf einmal konnte ich der Glocke Geräusche entlocken, doch sie läutete nicht. Ich zog und zog und zog, mein Arm verkrampfte sich immer mehr. Die Glocke gab wohl Töne, doch sie läutete nicht. Es sollte nicht klappen, frustriert gab ich auf, ließ das Seil los und die Glocke läutete! Eine Glocke läutet nämlich nur, wenn ich kraftvoll das Seil in die Hand nehme, ziehe und es wieder loslasse: Zug um Zug ziehen und loslassen.

Eine unglaubliche Entdeckung in meinem Leben, die mich bis heute belebt. Ein befreiend-schmerzvolles Erlebnis, weil in Bruchteilen von Sekunden mir bewusst wurde, wie einseitig ich mein Leben gestaltet hatte. Ziehen, ziehen, mit gutem Willen dranbleiben: Was habe ich nicht alles in meinem Leben durchgezogen! Diese Seite der Entschiedenheit, der Disziplin, des kraftvollen Zupackens möchte ich nicht missen bei mir. 38 Jahre hatte ich Kraft und Lust, diesen Teil von mir zu entfalten. Doch nun meldete sich die andere Seite in mir, die Seite des Loslassens, der Bedürftigkeit, des Schwachseins, des Scheiterns. Ich kämpfte energisch gegen diese Seite, verkrampfte mich wie beim Ziehen der Glocke, weil ich ganz tief glaubte, dass nur in der Aktivität mein Leben einen Sinn hatte. Das Gegenteil geschah: Durch diese Einseitigkeit wurde ich krank und mein Leben, mein Engagement erschienen mir immer sinnloser.

Beim Läuten der Glocke wurde mir dies alles bewusst. Das war meine Erleuchtung, mein Erwachen!

Zehn Jahre liegt diese alltägliche, wundervolle Begebenheit zurück. Die Erfahrung des Läutens der Glocke ist mir zum inneren Bild geworden. Seit zehn Jahren nehme ich es mit hinein in meinen Alltag, in meine Sehnsucht, mehr loslassen zu können. Ich erkenne darin die spirituelle Grundhaltung des Einlassens und Loslassens, des Ein- und Ausatmens. Dankbar schaue ich auf diesen Weg zurück. Verwandlung ist möglich geworden. Zugleich gestehe ich mir ein, dass es immer wieder Momente gibt, in denen ich beim Ziehen stecken bleibe, weil ich nicht auf die Idee komme, durch Loslassen zum Ziel zu gelangen. Besonders in ungewohnten Situationen, in denen ich sehr gefordert bin, meldet sich oft zuerst das bekannte, gewohnte, tief in mir angelegte und anerzogene Prinzip des Zupackens. Ich beiße auf die Zähne, verkrampfe mich und verhindere dadurch das befreiende Aufatmen. Zu lange habe ich mich deshalb abgewertet und bin dadurch in einen Zirkel geraten.

Mit dem Schreiben dieses Buches will ich mich und andere ermutigen, zu beiden Seiten zu stehen. Im Gleichgewicht bin ich nicht, wenn ich mir fest vorstelle, dass ich die Seite des krampfhaften Ziehens aus meinem Leben ausmerzen kann. Im Ziehen liegt ja viel Lebenskraft und -macht, die notwendig ist für die echte Entfaltung meiner Persönlichkeit. Setze ich allerdings diesen Teil von mir absolut, dann verhindere ich die lebensnotwendige Seite des Geschehenlassens. Was ich vorerst als Störung, als Begrenzung wahrnehme, erweist sich sehr oft als neue Perspektive, als Öffnung, als Entlastung.

So erging es mir beispielsweise bei meinem ersten Vortrag im Ausland, in Aachen. Ich hatte die Vorstellung – stellte vor mich hin! –, perfekt Hochdeutsch zu sprechen. Ich übte dermaßen, dass ich nicht mehr richtig atmete. Ich nahm meine ganze Energie zusammen und hatte immer größere Kopfschmerzen. Beim Vortrag selber bemühte ich mich so sehr, dass ich mich zusehends verkrampfte. Völlig erschöpft verließ ich nach dem Vortrag den Saal, um endlich wieder an der frischen Luft zu sein. Beim Vorbeigehen hörte ich, wie ein Zuhörer zum Nachbarn sagte: »Ich habe gar nicht gewusst, dass der Schweizerdialekt so leicht verständlich ist!« – Das darf ja nicht wahr sein, da mühe ich mich eine Stunde ab perfektes Deutsch zu sprechen und bleibe ich selber: ein Schweizer! Glücklicherweise war diese Erfahrung für mich ein Geschenk, ein Aufatmen. Denn der erste Gedanke zum Kommentar des Besuchers war ein Wort nach Wilhelm Busch: »Ist der Ruf erst ruiniert, lebt es sich ganz ungeniert!« Durch meinen gescheiterten Versuch, perfektes Hochdeutsch zu sprechen, eröffnete sich mir die Perspektive, meinen ureigenen Stil zu finden. Dank »meines Versagens« und des Loslassens eines Idealbilds entfaltete ich meine besondere Art und Weise des langsamen Sprechens: ein Sprechen mit vielen Pausen, damit Raum entsteht zum Nachklingen, Nachdenken und Nachspüren; ein Sprechen mit vielen Wiederholungen, damit die Zuhörenden sich im Loslassen einüben können, weil sie sich nicht versteifen müssen, alles sofort im Griff zu haben, sondern es mit dem Herzen – auswendig heißt auf Französisch »par coeur« – aufnehmen können.

Zehn Jahre danach kann ich diese Erfahrungen aufschreiben, ihnen Gewicht verleihen. Allein schon das ist die Frucht meines Weges. Ich kann nicht von großen Wundern und Erleuchtungen erzählen, obwohl ich so viel Wunderbares und Erleuchtendes erfahre. Allerdings sind das dann kleine, unscheinbare, so genannte lächerliche Erfahrungen. Bewusst einen spirituellen Weg der Unvollkommenheit zu gehen, heißt für mich: offen sein für diese Erfahrungen und ihnen den nötigen Respekt und die lebensfördernde Achtsamkeit entgegenbringen.

Dieses Selbstbewusstsein ist gewachsen, vor allem im intensiven Wiedererkennen meiner unscheinbaren, alltäglichen Erfahrungen in den Biografien und Schriften großer Mystikerinnen und Mystiker. Ich atme auf, wenn ich zum Beispiel bei Heinrich Seuse (1295-1366) – einem Mystiker, der wie Johannes Tauler von Meister Eckhart geprägt war – lese, dass sich seine eigentliche »Bekehrung« beim Anschauen eines spielenden Hundes ereignete. Wie viele Mystiker wurde auch er angeklagt und als Lektor in Konstanz seines Amtes enthoben. Seuse empfand dies als eine große Schmach. Da hörte er eine innere Stimme, die ihn hieß, »das Fenster der Zelle zu öffnen, zu schauen und daraus zu lernen: Er erblickt einen Hund, der in spielerischer Weise ein Fußtuch zerreißt und hört eine innere Stimme: So wirst du in deiner Bruder Mund zerrissen.«[13]

Die Gabe der Intuition lässt mich offen werden für unscheinbare Alltagserfahrungen, denen ich Ansehen verleihe, damit ich durch sie mein Leben deuten und so sogar schwierige Situationen verstehen kann. So wird mir Mystik zur Lebenshilfe, weil ich hinter das Geschehen, hinter die Dinge blicke und sich mir ein größerer Zusammenhang eröffnet. Der Schmerz, die Schmach, die Wut, das Unverständnis wird mir dadurch nicht genommen. Ich muss selber hindurch. Mir hilft es aber, mich dabei verstanden zu wissen, meine Erfahrungen in anderen Erfahrungen zu finden. Ich möchte lernen, alte Lebensvorstellungen, auch wenn es wehtut, loszulassen, um mir neue Lebensmöglichkeiten zu eröffnen. Treffend drückt dies die Theologin Jacqueline Keune aus: »Ich bin daran, schon einige Zeit, mir das Leben zu nehmen. Es ist etwas vom Schwierigsten, das ich bisher gemacht habe ... Jetzt bin ich in der Lebensmitte und erfahre, dass es nicht mehr geht, wie es bisher gegangen ist, dass nicht mehr hält, was bisher gehalten hat, dass nicht mehr sicher ist, was bisher für mich sicher war, vor allem aber, dass das Leben nicht mehr einfach da ist, sondern dass ich es mir nehmen muss, mein Leben, und dass ich nicht fragen will, ob ich es nehmen darf, auch wenn mich das die erste Lebenshälfte gelehrt hat. Und nichts will mehr; als dass es mir passt, mein Leben, fast wie eine zweite Haut soll es sitzen, mir nicht länger drei Nummern zu weit oder mich überall einengend, sondern richtig passen, wie ein Kleid nur für mich gemacht.«[14]

Darum geht es auf einem spirituellen Selbstwerdungsweg: Aufatmen, weil ich mein Leben in die Hand nehme und all die ungelebten Seiten mehr Raum erhalten dürfen; mich verabschieden von der Vorstellung, vollkommen zu sein, um dadurch dem wirklichen Leben und den Menschen nahe zu sein. Dies hebt die Benediktinerin Joan Chittister für uns alle, insbesondere für Ordensleute hervor: »Es ist wichtig, sich klarzumachen, dass das Ordensleben auf keinen Fall ein vollkommenes Leben für vollkommene Menschen ist. Es ist nicht einmal ein Leben, im dem Vollkommenheit erwartet wird. Es ist ein Leben, in dem Einsatz vorausgesetzt und Versagen als verständlich empfunden werden, ein Leben, dessen Inhalt die menschliche Suche nach Vollkommenheit und nicht die irregeleitete Vorstellung menschlicher Fehlerlosigkeit ist. Das Leben der religiösen Gemeinschaften aller Völker lehrt, dass Menschen nur aus dem Bewusstsein ihrer Zerbrechlichkeit Hoffnung schöpfen können.«[15]

Mystische Vertiefung 5

AUS SEINEM EIGENEN BRUNNEN TRINKEN

»Fange damit an, dass du über dich selbst nachdenkst, damit du dich nicht selbstvergessen nach anderem ausstreckst. Was nützt es dir, wenn du die ganze Welt gewinnst und einzig dich verlierst? Denn wärest du auch weise, so würde dir doch etwas zur Weisheit fehlen, solange du dich nicht selbst in der Hand hast. Wie viel dir fehlen würde? Meiner Ansicht nach alles. Du könntest alle Geheimnisse kennen, du könntest die Weiten der Erde kennen, die Höhen des Himmels, die Tiefen des Meeres: Wenn du dich selbst nicht kennen würdest, glichest du jemandem, der ein Gebäude ohne Fundament aufrichtet; der eine Ruine, kein Bauwerk aufstellt. Alles, was du außerhalb deiner selbst aufbaust, wird wie ein Staubhaufen sein, der jedem Wind preisgegeben ist.

Keiner ist also weise, der nicht über sich selbst Bescheid weiß. Ein Weiser muss zunächst in Weisheit sich selbst kennen und als Erster aus seinem eigenen Brunnen Wasser trinken.

Fang also damit an, über dich selbst nachzudenken, und nicht nur dies: Lass dein Nachdenken auch bei dir selbst zum Abschluss kommen. Wohin deine Gedanken auch schweifen mögen, rufe sie zu dir selbst zurück, und du erntest Früchte des Heils. Sei du für dich der erste und der letzte Gegenstand des Nachdenkens ...

Denk darüber nach, in welchem Zustand du geboren bist. Nimm die Verhüllung weg, die du von deinen Stammeltern geerbt hast und die von Anfang an ein Zeichen des Fluches war. Zerreiß den Lendenschurz aus Feigenblättern, der nur deine Schande verhüllt, aber deine Wunde nicht heilt. Trag die Schminke dieser flüchtigen Ehre ab, den schlecht gemalten Glanz von Herrlichkeit, und denke nackt über dich Nackten nach; denn nackt bist du aus dem Schoß deiner Mutter herausgekommen.«[16]

Bernhard von Clairvaux (1090-1153)

Vor vielen Jahren hat mich die Ermutigung des Zisterzienser-mönchs Bernhard von Clairvaux »aus dem eigenen Brunnen zu trinken«, angesprochen. Weil mir aber auch bekannt war, dass er 1146 in Vézelay voller Begeisterung zu kriegerischen Kreuz-zügen aufrief, blieb mir der Zugang zu ihm versperrt. So eine Widersprüchlichkeit war für mich inakzeptabel! Letztes Jahr vertiefte ich mich nun in sein Leben und seine Mystik und ent-deckte einen sympathischen Mystiker und Heiligen, weil ich ei-nem feinfühlig-sensiblen und spannungsgeladenen Menschen voller Widersprüche begegne, der sich mit sich selber schwer tat und sich zugleich für ein größeres Ganzes engagierte. Seine Predigten zum erotischen Hohelied der Bibel lassen eine weibli-che Seite in ihm erkennen, die berührbar und verletzlich ist. In vielen seiner engagierten Briefe begegne ich einem Menschen, der andere mit Appellen erreichen will, die eigentlich vorerst ihm selber gelten. Er sehnt sich nach Ruhe und Kontemplation und braucht die Aktivität, die Auseinandersetzung. Als echter Mystiker löst er dieses Dilemma auf, indem er bei sich selber beginnt und aufatmet, wenn er im Loslassen die eigene Quelle entdeckt, die für ihn immer auch die göttliche Quelle ist.

Die Mystik von Bernhard von Clairvaux ist für mich ein Spiegel, in dem ich mich mit meinen Widersprüchlichkeiten er-kennen kann. Sein Leben sagt mir, dass diese auch zu mir gehö-ren dürfen. Ich selber werden, mich nicht durch eine Rolle defi-nieren, meine Maske erkennen, lässt mich einen anderen Um-gang mit meiner Zerrissenheit finden. Ich lerne mich mit mei-ner Lebenskraft und mit meiner Nacktheit anzunehmen, weil ich immer im Werden bin. Meine Schwachpunkte begleiten mich ein Leben lang; indem ich sie Gott überlasse, kann ich da-ran wachsen und reifen. Von diesem befreienden Weg spricht Bernhard immer wieder: »Offensichtlich tragen wir alle unse-ren Fallstrick mit uns selbst herum, und überall schleppen wir unseren eigenen Feind mit ... Aber wer sind wir oder welche Kräfte besitzen wir denn, dass wir so vielen Anfechtungen widerstehen könnten? Bestimmt ging es Gott darum; das war es, wozu er uns hinführen wollte: dass wir unsere Schwächen sähen und erkennten, dass nirgends anderswo Hilfe sei und dass wir deshalb voller Demut zu seinem Erbarmen Zuflucht nähmen.«[17]

Es bedeutet für mich: nicht außerhalb bekämpfen, was in mir versöhnt werden möchte. In diesem Prozess innerer Konfliktfähigkeit ereignet sich Gott – zum befreienden Aufatmen aller.

Mystische Vertiefung 6

 »Wie lange wollt ihr noch in einem Gasthaus am Weg
verweilen?
Wollt ihr nicht nach Hause gehen?
Wie köstlich das alles ist.
Man ist im eigenen Selbst, der Wanderer, der Verbannte,
der Heimkehrer und das Heim.
Man ist alles, was existiert ...
Die Bestimmung jedes menschlichen Wesens ist es,
den Schleier, den sein eigenes Selbst verhüllt, zu zerreißen.
Sein Selbst zu verwirklichen bedeutet Gott zu verwirklichen,
und Gott zu verwirklichen bedeutet, sein Selbst zu
verwirklichen.«[18]

Shri Anandamayi Ma (1896-1982)

Bei sich selber zu Hause sein können, sich in sich selber zurecht-
zufinden bedeutet nach der indischen Heiligen Shri Anandamayi Ma – eine der wenigen weiblichen Gurus – den größeren
Zusammenhang mit allem, in dem auch die Gegensätze sein
dürfen, zu entdecken. In mir begegne ich dem Heimkehrer *und*
dem Verbannten. Eine unglaubliche Spannung, in die ich ein
Leben lang hineinwachsen kann. Ich suche nicht außerhalb, im
Gasthaus, die Köstlichkeiten, sondern ich entdecke sie in mir,
in meinem eigenen Brunnen.

»Gotteserkenntnis ist ohne Selbsterkenntnis nicht möglich«, sagt die christliche Mystikerin Teresa von Avila
(1515-1582). Shri Anandamayi Ma, die sich für eine spirituelle
Erneuerung des Hinduismus einsetzte und sich um eine Verbindung aller Glaubensrichtungen, Philosophien und Yogawege
bemühte, spricht von der Selbst- und Gottesverwirklichung als
ständigem Prozess.

Obiger Text lässt mich fragen:

Wo ist mein Gasthaus? Wo kompensiere ich, weil ungelebte Seiten in mir zu kurz kommen?

Was suche ich bei anderen, statt in mir?

Welcher Schleier verhüllt mein Selbst? Was will ich nicht sehen, nicht wahr-haben?

Solchen Fragen nachgehen ist nicht Egoismus, sondern Grundlage um befreiter mit mir, mit anderen und mit allem umgehen zu können. Darin ereignet sich das Göttliche.

Mystische Vertiefung 7

 »Darum fang zuerst bei dir selbst an und lass dich! Wahrhaftig, fliehst du nicht zuerst dich selbst, wohin du sonst fliehen magst, da wirst du Hindernis und Unfrieden finden, wo immer es auch sei.

Die Leute, die da Frieden suchen in äußeren Dingen, sei's an Stätten oder in Weisen, bei Leuten oder in Werken, in der Fremde oder in Armut oder in Erniedrigung – wie eindrucksvoll oder was es auch sei, das ist dennoch alles nichts und gibt keinen Frieden. Sie suchen völlig verkehrt, die so suchen. Je weiter weg sie in die Ferne schweifen, umso weniger finden sie, was sie suchen. Sie gehen wie einer, der den Weg verfehlt: je weiter der geht, umso mehr geht er in die Irre. Aber, was soll er denn tun? Er soll zuerst sich selbst lassen, dann hat er alles gelassen. Führwahr, ließe ein Mensch ein Königreich oder die ganze Welt, behielte aber sich selbst, so hätte er nichts gelassen. Lässt der Mensch aber von sich selbst ab, was er auch dann behält, sei's Reichtum oder Ehre oder was immer, so hat er alles gelassen.«[19]

Meister Eckhart (1260-1328)

Mystische Texte beinhalten oft ein Paradox, eine große Spannung: kein billiger Trost, keine schnelle Antwort, damit wir endlich ruhig sind oder ein fauler Friede möglich wird. Mystiker und Mystikerinnen nehmen unsere menschliche Existenz radikal (= von der Wurzel her) ernst und bestärken zu einer schonungslosen Selbsterkenntnis. »Fange bei dir selber an ...«, ist jener Grundansatz, um persönlichen, sozialen, ökonomischen, politischen Fragen zu begegnen. Um sich in ihnen aber nicht zu verlieren, kommt zugleich der Gegen-satz »... lass dich« zur Geltung.

Wie soll das gehen? – Unmöglich, oder doch?!

Einlassen und loslassen, geben und nehmen, lieben und geliebt werden sind Grundwerte der Menschwerdung. Nicht mehr vor sich selber davonspringen und sich im Aktivismus verlieren, nicht in Äußerlichkeiten, in tollen Methoden und Kursprogrammen die Lösung suchen, sondern ganz nah, in mir, meiner Tiefe, mich suchen und mich lassen - mit meinen Talenten und Schwächen, meinen Fragen und Antworten, meinem Vertrauen und meinen Zweifeln.

Mich fasziniert die Frage nach meiner tiefsten Motivation, wie sie Meister Eckhart stellt. Ich werde sie nie ganz klar haben; sie ist immer in Klärung, sie ist nie Besitz, sondern immer im Werden. Dieses kritische Hinterfragen meines Tuns imponiert mir bei den Mystikern: mein Armutsideal infrage stellen, wenn ich nicht mehr genießen kann; mich am Reichtum, an der Fülle der Schöpfung freuen, ohne dadurch abhängig zu werden; alles lassen, weil mir dann täglich alles als Geschenk entgegenkommt. Eine solche Haltung bedeutet keineswegs nichts zu tun. Doch entlarvt Meister Eckhart, der sehr viel gearbeitet hat – er war ein begabter Philosoph und Prediger, als Dominikanermönch gefragt in Erfurt, Köln, Straßburg und Paris – die lebensbehindernde Vorstellung, allein durch das Tun zutiefst zufrieden zu sein. Das bringt er mit der entscheidenden Lebensfrage, die mich in all meinem Planen und Arbeiten begleitet, auf den Punkt: »Die Leute brauchen nicht so viel nachzudenken, was sie tun sollten; sie sollten vielmehr bedenken, was sie seien.«[20]

Mystische Vertiefung 8

»Herr meiner Seele! Als du noch in dieser Welt wandeltest, hast du Frauen immer deine besondere Zuneigung bewiesen. Fandest du doch in ihnen nicht weniger Liebe und Glauben als bei den Männern. Auch befand sich ja unter ihnen deine Heilige Mutter, deren Verdienste uns zukommen und deren Habit wir tragen. Die Welt irrt, wenn sie von uns verlangt, dass wir nicht öffentlich für dich wirken dürfen, noch Wahrheiten aussprechen, um derentwillen wir im Geheimen weinen, und dass du unsere gerechten Bitten nicht erhören würdest. Ich glaube das nicht, denn ich kenne deine Güte und Gerechtigkeit, der du kein Richter bist wie die Richter dieser Welt, die als Söhne Adams, kurz, als Männer jede gute Fähigkeit bei einer Frau verdächtigen. Ich weiß, mein König, dass der Tag kommen wird, da man einander erkennt. Ich spreche hier nicht für mich selbst, denn die Welt kennt meine Schlechtigkeit, und das ist mir lieb. Aber ich halte es in diesen Zeiten für unrecht, wenn man starke und zum Guten begabte Geister zurückstößt, nur weil es sich um Frauen handelt.«[21]

Teresa von Avila (1515-1582)

Ich verdanke der spanischen Mystikerin sehr viel. Teresa ist mir zur Wegbegleiterin geworden, die mich durch ihre temperamentvolle Offenheit zur Unvollkommenheit befreit. Sie spricht immer wieder von ihrer »Schlechtigkeit«, verdichtet in den Worten: »Ich bin ein Weib – und obendrein kein gutes!«. Darin erkenne ich nicht lebensbehindernde Demut, sondern ein Selbstbewusstsein, das die verschiedenen Gefühle und Gedanken zulässt.

Ich habe Teresa Briefe geschrieben[22], weil ihre Texte mich ansprechen und anrühren und in mir Räume des Aufatmens öffnen. Ihre mystische Psychologie ist mir zur Lebensorientierung geworden, weil darin so viel Hingabe und kritisches Mitsein zu spüren ist. Im Reformstau unserer Kirche, die Frauen immer noch verweigert Diakonin und Priesterin zu werden, ist sie mir Hoffnungsträgerin, die lehrt, mich in beharrlicher Geduld für Reformen einzusetzen und zugleich die Hoffnung und den Humor nicht zu verlieren. Sie steht auf für eine geerdete Mystik, mit der aus leidenschaftlicher Liebe für das Ganze auch konstruktive Kritik eingebracht wird. Zupacken und Loslassen konkretisieren sich in ihrem Leben, das unvollkommen-lebendig bleibt.

Befreiend ist für mich auch die Bewegtheit ihres Gottesbildes. Sie spricht oft von König, Herr, Majestät: Bilder aus dem Spanien ihrer Zeit. Es lohnt sich aber beim Lesen von mystischen Urtexten, nicht bei diesen Bildern stecken zu bleiben, sondern tiefer zu sehen. Dabei erkennen wir jene Urbilder, die zeitlos sind: so wie ihr Benennen der Seele als kostbaren Diamanten oder des Gebets als »vertraute Zwiesprache mit dem Freunde, von dem wir wissen, dass er uns liebt.«[23]

So kann ich täglich zu meinen Fehlern stehen, weil sie im Geliebtsein verwandelt werden.

Meditationstexte

Ankommen
Abstand gewinnen
erahnen
wie mein Wert aus meinem
Sein entspringt

Unsicherheit vor der Leere
vertrauend
dass sich das ganz Kleine
in mir
entfalten kann
damit ich die Ur-absicht
Gottes mit mir
freilegen kann

Ankommen
Ruhe finden

15. Juli 1999, 19.00 Uhr

Mitten in der Nacht
eingeholt
von vielen unverarbeiteten Erfahrungen

Unglaublich
wie Uraltes auftaucht
unangenehm konfrontiert
und verunsichert

Eine leise Ahnung
dadurch freier zu werden
gelöster
entbunden von vielen Verpflichtungen

Sein dürfen
wach liegen
behutsam loslassen

Ein- und ausatmen
mich annehmen und
versöhnen mit meiner Geschichte

Einmal mehr
erfahren
wie ich in meinem Rhythmus
ich werden kann

Mich häuten
verwandeln
geschehen lassen
einschlafen

16. Juli 1999, 2.30 Uhr

Die Spannung
die Widersprüchlichkeit
das Dunkel des Lebens
nie auflösen
nicht harmonisieren

Das stille Geschrei
aufwecken
wach halten
durchklingen lassen

Gottes Geheimnis
sowie das Geheimnis
des Menschen
bewahren

16. Juli 1999, 18.15 Uhr

Persönliche Notizen

3 | Von der Ausgeglichenheit im Auf und Ab

Bevor ich mystischen Lebenserfahrungen begegnet bin, hat mich vor allem die Spiritualität der Psalmen belebt. Alles, was Menschen in ihrem Leben an Kraftvollem und Widerwärtigem erfahren können, an Lustvollem und Unterdrückendem, wird da zur Sprache gebracht. In den Psalmen entdeckte ich therapeutische Wege, alles auszudrücken, was ich fühle und denke. Fasziniert hat mich vor allem auch der Stimmungsumschwung, der in diesen Gebeten mitzuerleben ist. Da ist von Ohnmacht und Verzweiflung die Rede, von Todessehnsucht und dem Schrei nach mehr Leben und manchmal ganz unerwartet von einem Hoffnungsfunken oder einem Vertrauensschritt. Gerade dieses Auf und Ab, dieses Hin und Her, das ich in meinem Leben kenne und in vielen meiner Begleitgespräche immer wieder zentrales Thema ist, hat mich ermutigt, während 15 Jahren alle 150 biblischen Psalmen zu aktualisieren[24]. Die ersten zehn Jahre war ich fest davon überzeugt, dass diese Gebete niemals gesehen werden dürfen. Die Angst vor der Reaktion der anderen war zu groß. Es brauchte den Leidensdruck, der mich 1992 zu einem Zusammenbruch führte, um den befreienden Schritt an die Öffentlichkeit zu wagen.

Hier liegt die Umkehr der Werte, wie sie schon Jesus in wenigen Worten und noch mehr in seinem Mitsein vergegenwärtigte: Entdecke den Schatz in dir, indem du die Angst vor dem

Schmutz des Lebens verlierst! Wenn du zum verborgenen Schatz, zu deinen Stärken vordringen möchtest, dann begegnest du auch deinen Schwächen. Wenn sie sein dürfen und eine Ausdrucksform finden, kannst du daran wachsen und reifen (vgl. Gleichnis vom Schatz im Acker, Matthäus 13,44).

Setze alles daran, dich von der Angst der Ablehnung zu befreien, indem du dich mit deinen verschiedenen Gefühlsstimmungen annimmst.

So hat mich der Traum Jakobs von der Himmelsleiter, auf der Engel auf- und abgehen, immer wieder angerührt (Genesis 28,10-22). Während einiger Jahre wollte ich diese biblischen Erfahrungen in einem aktualisierten Meditationstext beschreiben. Es gelang mir nicht. Intuitiv spürte ich, dass mich das Bild der Engel wohl bewegt, ich jedoch nur das Positive sehen möchte; sich darin mir aber auch etwas zeigt, was ich in meinem Leben nicht wahrhaben will. Spirituelle Menschen lassen sich ansprechen von Hoffnungstexten, damit sie dadurch Kraft schöpfen, um die Winkel der Hoffnungslosigkeit in sich selber zu erhellen. Leicht geschrieben! Manchmal jedoch brauchen wir viel Zeit, um Bedrohliches an uns selber herankommen zu lassen. Manchmal schützen wir uns – und dies hat seinen berechtigten Grund.

Glücklicherweise ist das Leben stärker und weicht verhärtete Stellen auf, wenn es auch vorerst wehtut. So fand ich den wirklichen Zugang zur Himmelsleiter durch die Worte eines Teamkollegen, der in einem fairen Streitgespräch mir sagte: »Manchmal ist es echt mühsam für mich, mit deinem Auf und Ab umgehen zu können!« Obwohl ich im ersten Moment diese Worte nicht gerne hörte und meine inneren grauen Eminenzen Alarm schlugen und sich rechtfertigen und zurückschlagen wollten, stieg in mir sofort das Bild der Himmelsleiter auf: Genau! Darum geht es eben auch im Leben: im Auf und Ab, im Hin und Her sein dürfen und vertrauen, dass sich mir ein Stück Himmel eröffnet.

So konnte ich voll innerer Befreiung antworten: »Du hast Recht, ich finde es manchmal auch sehr mühsam mit mir; doch es gibt keine Kreativität ohne Chaos. Das bin ich eben auch!« Auf diesem Erfahrungshintergrund, aufgrund dieses langen Prozesses ist folgende Meditation entstanden:

> In den Grenzsituationen deines Lebens
> wo deine Stimmung auf- und abgeht
> und du dich selber nicht mehr verstehst
> wünsche ich dir jenes kraftvolle Bild
> der Engel
> die die Himmelsleiter auf- und abgehen
> damit du Vertrauen in dich und Gott
> finden mögest
> und dir auch in der Krise ein Stück
> Himmel geöffnet wird.[25]

In wenigen Worten verdichtet sich da ein jahrelanger Prozess, genau wie in den Psalmen. Was in sich so rund erscheint, war in der Entstehungsdynamik voller Ecken und Kanten. Darum ist es so entscheidend, zwischen den Zeilen zu lesen, sich in die Worte hineinzufühlen, sie Tag für Tag, Woche für Woche, Monat für Monat in das authentische, wahre Erleben mitzunehmen.

Diese Grundhaltung treffe ich in vielen mystischen Biografien an. Sie richtet mich auf, weil ich mich nicht frage, wie ich sein *sollte*, sondern jeden Tag versuche wahrzunehmen, wie und wer ich heute *bin*. So einfach das tönt, so sehr fordert es mich heraus. Das ist gelebte Religion, die hilft mich und meine Mitwelt zu verstehen, so wie dies auch der Psychiater Daniel Hell betont: »Wenn du erfährst, dass dich etwas in Einklang mit deinem innersten Wesen bringt, so ist es die richtige Wahl.«[26] Dem Leben begegnen, ohne zuerst zu werten und zu beurteilen, sondern wahr-zunehmen, das ist Grundlage für die Menschenrechte. Sie konkretisieren sich, indem ich mir und meiner Geschichte, meinen Charakterzügen, meiner Sozialisation gerecht werde; besonders in den Momenten, in denen ich mich selber nicht verstehe.

Im Frühjahr 1998 habe ich dies tiefgreifend erfahren. Es war die Zeit des lang ersehnten Erfolges. Mit dem Buch »Alltagsrituale«[27] gelang mir der so genannte Durchbruch. Ein Bubentraum ging in Erfüllung! Ich wurde endlich, was ich längst schon war: Autor. Ein tiefer Urwunsch fand sein Echo: anerkannt zu sein. Ich war glücklich und konnte das auch genießen. Im Vordergrund stand für mich nicht die jahrelange, intensive Arbeit, sondern vielmehr die geschenkte Gabe meines Schreibens, die durch viele Begegnungen genährt wurde und wird. So hatte ich mir den Durchbruch vorgestellt. Dass aber neben dem Glücksgefühl noch etwas anderes durch-brechen wollte, konnte ich mir nicht vorstellen. Als die Stagiaires – junge Erwachsene, die einige Monate in unserem offenen Kloster mitleben – zum Fest des Erfolges mir ein Lied mit dem Titel »Der spirituelle Umgang mit dem Erfolg« komponierten, lachten alle, ich auch. Ganz tief in mir erahnte ich aber, was da auf mich zukam. Ein undefinierbarer Schmerz breitete sich in mir aus, ein innerer Schrei. Der Erfolg überhäufte mich nicht nur mit vielen bestärkenden Echos, sondern er forderte in mir Unerlöstes ein: die große Sehnsucht, mich auch im Scheitern gern zu haben und lieben zu lassen.

Ein Durchbruch also, wie ich ihn nie erwartet hätte. Widersprüchliche Gefühle in mir, die ich lange Zeit nicht orten und zu denen ich nicht stehen konnte. So erfuhr ich eine große Diskrepanz zwischen dem Außen, den vielen gelungenen Lesungen zum Beispiel, und dem Innen, einsam in vielen schlaflosen Nächten. »Was willst du denn? Jetzt hast du den lang ersehnten Erfolg und bist doch nicht zufrieden! Wie undankbar du bist!«: Das waren jene inneren Appelle, die mich zu alten destruktiven Mustern führten, zur Selbstzerfleischung. Voll Leidenschaft sprach ich an vielen Abenden vor hunderten von Menschen vom »Anerkannt-Sein vor aller Leistung«, und genau dieselben Worte lösten einen großen Schmerz in mir aus: Glaube ich sie wirklich? Fünf Jahre nach meiner großen Lebenskrise wehrte sich wieder alles in mir, erneut denselben Fragen nachzugehen, schon gar nicht bei der Ankunft am Ziel!

Heute sehe ich es anders. Durch den Erfolg war ich gestärkt, noch einmal aus meiner Tiefe hervorzuholen, was noch nicht geheilt ist. Keine sinnlose Wiederholung also, sondern ein heilsames, erneutes Hervorholen. Das wird meine Not wenden. Wie die Spannung zwischen meinen Ich-Idealen und meinem Schatten annehmen? Dieses Lebensthema begegnet mir – und ich denke vielen Menschen – in verschiedenen Lebensphasen. Darum ermutigt der Tiefenpsychologe und Pfarrer Jean Monbourquette dazu, seinen Schatten zu umarmen: »Jeder Mensch erlebt im Laufe seines psychischen und spirituellen Wachsens und Reifens irgendwann, dass er von Gefühlen und Empfindungen in Beschlag genommen wird, die ihm nicht akzeptabel erscheinen, sowie von starken instinktiven und irrationalen Antrieben. Daher muss er es lernen, ihnen weder freien Lauf zu lassen noch sie zu verdrängen. Er muss ganz einfach wahrhaben, dass diese Regungen ein Bestandteil seiner inneren Dynamik sind und sie annehmen, statt sie ganz von sich weisen zu wollen. Mit dieser Haltung des Annehmens vermeidet er sowohl ihr hemmungsloses Ausbrechen als auch ihr Verdrängtwerden, was im Übrigen ganz der Lehre der Zen-Philosophie über den Umgang mit Wut entspricht: Sie lehrt, man solle sich dessen enthalten, aus dem Impuls der Wut heraus zu handeln, sie jedoch durchaus zulassen, statt sie zu verdrängen. Wenn man sie stehen lässt und ihr zuschaut, kann man sie am ehesten zähmen.«[28]

Alleine ist dies kaum möglich. In der Psychotherapie und in der spirituellen Begleitung erlebe ich zum Beispiel einen Schonraum, wo Verhärtetes aufgeweicht wird und ich die Angst vor meiner Wut verlieren, sie ausdrücken kann, ohne sie direkt gegen jemanden zu richten. Dieser Durchbruch war also bei mir angesagt. Einmal mehr: mich annehmen mit Licht und Schatten und darum nicht erstaunt sein, dass sich beim Erfolg auch das Lebensthema des Scheiterns meldet. Beidem in mir kann ein Platz gegeben werden. Zugleich spüre ich, dass noch tiefer in mir ein heiliger Raum liegt, wo mich all die Erwartungen nicht erreichen, sondern ich sein darf mit Macht und Ohnmacht. Dieses Vertrauen festigte sich bei mir ein Jahr danach in 30-tägigen Schweigeexerzitien. Wie die Meditationstexte am Ende der Kapitel dieses Buches zeigen, musste auch ich nochmals durch den Schmerz hindurch. Es hat sich gelohnt.

Ich schildere Dir, liebe Leserin und lieber Leser, dies, da ich weiß, wie oft solche oder ähnliche Prozesse nicht nur mein, sondern unser aller Leben bestimmen.

Mystische Vertiefung 9

AUF UND AB DER VÖGEL

»Jene Lebhaftigkeit der Einsicht im schauenden Geist geht in wunderbarer Beweglichkeit bald vorwärts und rückwärts, bald bewegt sie sich gleichsam im Kreis, bald sammelt sie sich auf einen Punkt und bleibt dort wie unbeweglich haften. Wenn wir die Art dieser Sache recht erwägen, können wir sie täglich an den Vögeln des Himmels beobachten. Du siehst die einen bald sich hinaufschwingen, bald nach unten tauchen und dieselben Weisen des Aufsteigens und Niedergehens oft wiederholen. Du siehst andere bald nach rechts, bald nach links sich abdrehen und bald auf dieser, bald auf jener Seite sich etwas nach vorn neigen, oder kaum sich voranbewegen, und denselben Wechsel ihrer Bewegungen alle Augenblicke vielfältig wieder vollziehen. Du magst andere sehen, die sich mit großer Eile nach vorn schwingen, aber bald mit derselben Geschwindigkeit zurückkehren und oft dasselbe vollführen und denselben Hin- und Rückflug unermüdlich fortsetzen und in die Länge ziehen. Wieder andere kann man sehen, wie sie sich im Kreise drehen und wie sie plötzlich, entweder dieselben oder ähnliche, bald längere, bald etwas kürzere Flüge wiederholen und immer zum selben Tun zurückkehren. Endlich kann man andere sehen, wie sie mit bebenden und oft zurückgeworfenen Flügeln an ein und derselben Stelle lange schweben und in bewegtem Tätigsein wie unbeweglich festhängen und von derselben Stelle ihres Schwebens in langer und großer Ausdauer kaum weichen, als ob sie in Verfolgung ihres Werkes und anhaltenden Fleißes ausriefen und sprächen:› Hier ist gut sein für uns‹ (Lukas 9, 33).«[29]

Richard von St. Viktor (†1173)

Durch den anschaulichen Vergleich mit den Vögeln kann ich die verschiedenen Bewegungen in meiner Seele besser verstehen. Der Mönch Richard, dessen Geburtsjahr unbekannt ist, lebte im Augustiner Chorherrenstift St. Viktor am linken Seineufer in Paris – wie ein anderer bekannter Mystiker auch: Hugo von St. Viktor. Allein seine Beobachtungsgabe tut mir gut, sie befreit davon, Mystik nur durch Augenschließen, Innerlichkeit, Abwendung von der Schöpfung zu umschreiben. Die Schöpfung ist Spiegel der unsichtbaren Wirklichkeit, der Ewigkeit. Darum sagt der Mystiker Thomas Merton (1915-1968): »Die Vögel sind mein Gebet«. Diese Aussage verstehe ich noch besser durch die befreienden Worte des Richard von St. Viktor. Lebendigkeit zeichnet sich durch Bewegung aus. Mich vom Atem Gottes bewegen zu lassen, heißt dann ganz konkret Tag für Tag einen Handlungsspielraum zu entfalten, in dem ich offen für die echte Verabredung mit dem Leben bin. Das Hin und Her, das Auf und Ab, das Kreisen und In-die-Länge-Ziehen hat seine Zeit, sowie das Verweilen, Ruhen, Bei-sich-Sein. Mit den Worten »hier ist gut sein für uns« verweist der Mystiker auf die Szene der Verklärung Jesu auf dem Tabor. Unser inneres Wachstum und Reifen braucht diesen wohlwollenden, klärenden Blick des Gutseins. Mitten im Alltag kann ein Innehalten und Verweilen bei den Vögeln mich bestärken, meine verschiedenen Gefühlsstimmungen und Gedankenspiele anzunehmen.

Im Film »Die Zugvögel« begegne ich in schönen Bildern dieser Beweglichkeit, die Toleranz und Kreativität fördert. Manchmal strengt es ganz schön an, an den existenziellen Fragen dranzubleiben, sie nicht abzuwerten, wenn sie immer und immer wiederkommen. Auch da können die Zugvögel uns vertrauensvoll zusingen: »Wir finden den Weg!«

Ernesto Cardenal aus Nicaragua, Priester und einer der meist gelesenen Dichter Lateinamerikas, beschreibt das so: »Obwohl wir Gott nie gesehen haben, sind wir wie Zugvögel, die an einem fremden Ort geboren, doch eine geheimnisvolle Unruhe empfinden, wenn der Winter naht, einen Ruf des Blutes, eine Sehnsucht nach der frühlingshaften Heimat, die sie nie gesehen haben und zu der sie aufbrechen, ohne zu wissen, wohin.«[30]

Mystiker/in werden heißt: sich nicht abwerten wegen der bleibenden Unruhe, sondern darin die Weisheit erkennen, unterwegs daheim zu sein.

Mystische Vertiefung 10

In der Frauenmystik wird die dichterische Form des Minnegesangs übernommen, um in der Minne die Bewegung zwischen Gott und Mensch, das, was beide am engsten verbindet, auszudrücken. Kein statisches Gottesbild kommt mir da entgegen, sondern ein Beziehungsgeschehen steht im Zentrum dieser Minnegedichte:

»Im neuen Jahr hofft man auf die neue Jahreszeit, die neue Blumen und neue vielfältige Freude bringen wird. Wer um der Minne willen in Ängsten ist, der kann nun in Freude leben: Sie wird ihm nicht entgehen, denn die gewaltige Macht der Minne ist neu und annehmlich süß in ihrem Gehaben und versüßt mit Lohn alle neue Beschwernis.

Oh, wo ist nun die Neue Minne mit ihrem neuen Gut? Mir bewirkt mein Unglück allzu oft neues Weh, mir schmelzen meine Sinne dahin im Sturmwind der Minne. Der Abgrund, in den sie mich schickt, ist tiefer als das Meer, denn ihr neuer tiefer Abgrund erneuert meine Wunde: Ich suche keine Heilung mehr, bevor ich sie für mich nicht neu erfahre.«[31]

Hadewijch von Antwerpen (13. Jahrhundert)

Hadewijch von Antwerpen hat im 13. Jahrhundert als Begine gelebt, als Angehörige einer freien religiösen Vereinigung unverheirateter Frauen. Diese »mystisch inspirierte neue Lebensform, die von Frauen für Frauen geschaffen worden ist«[32], wird auf eine Million Frauen geschätzt, drei bis vier Prozent der weiblichen Bevölkerung. Für mich sind diese Frauen »Aussteigerinnen«, die als Verbündete einander bestärkt haben, neue Formen des Zusammenlebens zu wagen. Dazu Dorothee Sölle: »Es war eine spirituelle Revolution, die da stattfand, eine Verweigerung dem › saeculum‹ , der Welt gegenüber, die sich auf Sexualität und Besitz bezog, und zugleich das Schaffen einer neuen Lebensform, die auch neue Ausdrucksformen - sprachliche und rituelle - für das innere Leben fand.«[33]

Beginen hatten den Mut, ihren inneren Bildern zu trauen und sie auch aufzuschreiben. Leider wissen wir weder Geburtsdatum noch Todestag von Hadewijch, die um 1220 bis 1240 ihre mystischen Erfahrungen in Briefen, Visionen und Gedichten festgehalten hat. Trotz der einseitig-patriarchalen Geschichtsschreibung lässt sich die Begabung und Originalität dieser gebildeten Frau nicht verborgen halten. Ihr Text lässt mich all die intensiven Erfahrungen im Leben besser verstehen, in denen Glück und Unglück, Freud und Leid so nahe beieinander sind.

Diese Spannung hat nichts mit Unzufriedenheit und Undankbarkeit zu tun, sondern vielmehr mit der Begabung, leidenschaftlich zu lieben und zu leben. Auf dieser Lebensgratwanderung begegne ich der Begeisterung für das Neue – dem Süßen, der Lebensfreude – und zugleich dem Abgründigen, den Verwundungen, die nicht billig weg-getröstet werden können. Die Erfahrungen der Frauenmystik sind mir Lebenshilfe, weil mir da eine sinnliche Spiritualität mit erotischen Bildern wie im Minnegesang entgegenkommt, die vom Verliebtsein und damit vom Aufbrechen-Können alter Verwundungen erzählen. Da kann ich mich mit einer Fülle von Gefühlen entfalten, die vorerst nicht erklärbar sind und die ich im wohlwollenden Annehmen immer mehr verstehen und einordnen kann.

Mystische Vertiefung 11

 »Meine Jugend –
eine unreife Pflaume.
Deine Zähne haben ihre Spuren darin hinterlassen.
Noch immer sind die Male spürbar.
Ich denke stets daran,
denke stets daran.

Seit ich dich lieben lernte,
steht die Tür meines Herzens stets weit offen
für die Winde aus den vier Himmelsrichtungen.
Die Wirklichkeit schreit nach einem Wandel.
Die Frucht der Achtsamkeit ist schon reif,
und nie wird die Tür sich wieder schließen.

Das Feuer verschlingt dieses Jahrhundert,
und es hinterlässt Spuren
in den Bergen und Wäldern.
Der Wind heult rings um mich her,
und der ganze Himmel schwankt wild im Schneesturm.

Da sind noch die Wunden des Winters –
ihnen fehlt die schneidende Schärfe des Frostes,
ruhelos drehen und wälzen sie sich
in Qual die ganze Nacht.«[34]

Thich Nhat Hanh (geboren 1926)

Thich Nhat Hanh, vietnamesischer Mönch und Zenmeister, einer der bekanntesten Vermittler eines modernen Buddhismus, ist Mystiker, Poet, Wissenschaftler und Friedenskämpfer und lebt in einem spirituellen Zentrum im südfranzösischen Plum Village. Sein Gedicht, das er in jungen Jahren geschrieben hat, lässt mich lernen, dass ein offenes Herz mich zur sensiblen Achtsamkeit führt, in der ich über die alltäglichen Wunder staunen kann und zugleich angesichts des Leids einem Entsetzen begegne. Beides gehört zu einem inneren Weg. Der Weg Thich Nhat Hanhs zeigt mir, dass Versöhnung möglich ist, dass Leiden verwandelt werden kann. Diese Erkenntnis befreit mich aber auch vom Irrtum, Entwicklung, Wachstum und Reifen seien ohne Leiden möglich. Echte Liebe leidet immer mit, solange die Menschenrechte mit Füßen getreten werden und die Schöpfung ausgebeutet wird.

Thich Nhat Hanh schrieb 1998: »Ich wuchs in Kriegszeiten auf. Überall um mich herum war Zerstörung – Kinder und Erwachsene wurden getötet, Werte vernichtet, ein ganzes Land verwüstet. Als junger Mensch litt ich unendlich. Hat sich das Tor der Achtsamkeit erst einmal geöffnet, so kannst du es nicht wieder schließen. Die Wunden, die der Krieg mir beibrachte, sind noch immer nicht alle verheilt. Es gibt Nächte, in denen ich wachliege und mein Volk, mein Heimatland und den ganzen Planeten Erde mit meinem achtsamen Atem umarme. Ohne Leiden kannst du dich nicht weiterentwickeln. Ohne Leiden kannst du nicht den Frieden und die Freude finden, die du verdienst. Lauf bitte nicht vor deinem Leiden davon. Umarme es und erkenne seinen Wert.«[35]

Ein liebend-leidender Mitmensch wird immer dem Lachen und dem Weinen begegnen, beides erfüllt sein Leben mit Sinn.

Mystische Vertiefung 12

Mystiker haben ihre Nöte und Sorgen mitgeteilt. So schrieb der bekannte Jesuit und Naturwissenschaftler Pierre Teilhard de Chardin am 8. Februar 1949 an Rhoda de Terra, die Frau des Asienforschers Helmut de Terra folgenden Brief, in dem er von den Schwierigkeiten mit Rom erzählt, von wo ihm u.a. die Druckerlaubnis für sein zentrales Buch »Das göttliche Milieu« nicht gegeben wurde:

»Ich habe Ihnen zu berichten, dass ich endlich einen Brief aus Rom erhalten habe und dass (wie es zu erwarten war) der Brief nicht gut ist: keine Vorlesung in Amerika ... keine Druckerlaubnis für › Le Milieu divin‹ (es wurde von einem römischen Zensor ziemlich bösartig misshandelt, obwohl es 1930 von den Theologen in Löwen einmütig angenommen worden war und seit zwanzig Jahren von einer Menge Priester und religiöser Menschen jeglicher Färbung extensiv gelesen und benutzt wurde; der Schatten einer Chance besteht noch für das Buch › Le Phénomène humain‹, das weiter geprüft wird, doch ist nicht viel Hoffnung geblieben. Und schließlich werde ich einmal mehr aufgefordert, mich an rein wissenschaftliche Themen zu halten, was natürlich psychologisch unmöglich ist. Nun, auf den ersten Blick scheint das ein hübscher Schlamassel zu sein. Doch in Wirklichkeit, glaube ich, werden die Dinge in der nächsten Zukunft genauso weitergehen ... ich werde weiterhin zu kleinen Gruppen von Leuten sprechen und wie vorher für einen kleinen Kreis schreiben. Die Erfahrung zeigt, dass dieses Vorgehen äußerst wirkungsvoll ist. Und später wird Gott vorsorgen, und wir werden sehen ... Bitte glauben Sie mir: Das Christentum ist etwas viel Größeres als diese Kleinkariertheiten. Wie ich Ihnen schon in meinem letzten Brief sagte, ist die Zeit gekommen, sich zwischen einer statischen oder einer sich bewegenden Menschheit zu entscheiden und zu wählen. Ich werde auf mein Leben stolz sein, wenn ich es bis zur letzten Minute als einen Beweis meines Glaubens und meines Vertrauens in eine konvergierende Bewegung des Universums benutzen kann.«[36]

Pierre Teilhard de Chardin (1881-1955)

Eine mystische Lebensgestaltung verlässt die engen kirchlichen Räume, um das Verbindende mit allem zu entdecken. Mystiker und Mystikerinnen sind allerdings nicht aus der Kirche ausgetreten, sondern sie sind in ihr aufgetreten. Wieder begegnen wir einer großen Spannweite: bei Teilhard de Chardin die Entfaltung einer Mystik des kosmischen Christus, in der die Berührungsängste mit den Naturwissenschaften überwunden werden und die Evolution ihren natürlichen Platz hat. Als Konsequenz die Auseinandersetzung mit der römischen Zentrale. Mich beeindruckt, dass er mit einer immer größeren inneren Freiheit seinen Weg geht. Er findet die Kraft dazu auch in Beziehungen, wie die vielen Briefe vor allem an Frauen bezeugen. Er entscheidet sich für eine Kirche, die in Bewegung bleibt, mit einem Menschen- und Gottesbild, das nicht statisch zu entfalten ist, sondern im Beziehungsgeschehen sich ereignet. Ich entdecke in diesem Brief, dass eine kritische Haltung notwendig ist, um engagierte Gelassenheit entwickeln zu können.

Es geht um eine Gelassenheit, die mein Tun in einem größeren Ganzen, in einer großen Bewegung verankert, für die es sich lohnt, das Auf und Ab der Rückschläge hinzunehmen. Weil Pierre Teilhard de Chardin diese Durststrecken ausgehalten und mitgeteilt hat, ernten wir heute die Frucht seines Widerstandes. – Auch ich bin heute bereit, mich für eine menschlichere Kirche ein- und auszusetzen, auch wenn ich die Früchte nicht mehr selber ernten werde. Diese größere Schau der Dinge hilft mir konkret in den Momenten, wo ich mich gekränkt und ausgenützt fühle.

Mystik ermutigt, vom feigen Ducken loszukommen und aufzustehen für mehr Gerechtigkeit.

Meditationstexte

Mich nicht überfordern
meiner inneren Herzensstimme trauen

Auf die Länge nichts tun
was nicht von Herzen her kommt

Bereit sein Konsequenzen auszuhalten
mir selber gegenüber Treusein

So allein kann ich mich einbringen
zum Wohl der Gemeinschaft

Mitten im Entscheidungsprozess
meine ganze Ambivalenz spüren
wo soeben noch Klarheit und
ein sicheres Gefühl sich mir zeigte
herrschen nun Verunsicherung und Ängste

Da mir wohlwollend begegnen
ist unglaublich schwer

Atem Gottes
begleite mich
indem ich in mein Verspanntsein
hineinatme und dadurch meinen Kopf entlaste
um mit Leib und Seele zu vertrauen
dass die Lösung meiner Fragen
schon in mir ist
und sich in Übereinstimmung
mit meiner Tiefe zeigen wird

Allen Widersprüchlichkeiten zum Trotz
traue ich dem Hinweis Gottes in mir

16. Juli 1999, 21.15 Uhr

Der Schrecken der Traumbilder
ist noch fest in meinen Knochen
mein tiefes Ein- und Ausatmen
nimmt diese Erfahrung wohlwollend ernst

Das Dunkle, die Angst
der Schrecken, das Unerlöste
wird immer zu meinem Leben gehören

Glücklich werde ich im Wahrnehmen
dieser Wirklichkeit
damit sie verwandelt werden kann

Das Staunen über den Tau am Morgen
die Blumen, die sich öffnen
das Anschauen meines Gesichtes
das Betrachten meiner Hände
sind Ausdruck
der anderen Seite meines Lebens
der Leichtigkeit des Seins

Leere
Fülle
Angst
Vertrauen
Du bist in allem erkennbar

17. Juli 1999, 8.45 Uhr

Werden
dem Spiel des Atems folgen
genießen wie sich alles ergeben wird
was ich zur Selbstwerdung brauche
wie daraus jene Leidenschaft genährt wird
die dem Dunkel dieser Welt begegnen kann
der Ungerechtigkeit jene friedensstiftenden
Initiativen zufließen lässt
die Diktatoren zum Rücktritt bewegen
und jede und jeden erinnern
wie auch in uns Ansätze zur Gewalt sind

Wo ich diesem Dunkeln in mir nicht ausweiche
werden Feindbilder überwunden
um einen tragfähigen Versöhnungsprozess zu ermöglichen

Leide mit mir
schreie mit mir
richte mich auf
stehe auf in mir
brich auf mit mir
gestalte diese Welt
neu mit mir

17. Juli 1999, 21.15 Uhr

Persönliche Notizen

4 | Von der Fülle in der Leere

»Ich fühle mich völlig leer!«, war ein Satz, den ich bis zu meinem Burnout 1992 oft verwendete, um mein Lebensgefühl auszudrücken. Leer sein war für mich negativ besetzt, Ausdruck von »ausgelaugt, ausgepumpt sein«, von Erschöpfung. Zu Weihnachten 1991 erhielt ich von Silvia, einer Freundin, ein Buch mit Texten von Meister Eckhart, wunderschön von Photoaufnahmen der Wüste ergänzt. Als Widmung wählte sie die folgenden Worte des Dominikanermönchs Eckhart aus:

> »Leersein aller Kreatur ist Gottes voll sein,
> und voll sein aller Kreatur ist Gottes leer sein.«[37]

Da geschah die erste Begegnung mit diesem großen Mystiker. Diese wenigen Worte ließen mich nicht mehr los, obwohl ich sie nicht verstand. Ich konnte sie nicht verstehen, weil sie mich auf den Grund meines Erschöpftseins führten: Ich war nicht leer, sondern übervoll mit Erfahrungen, angestauten Gefühlen, Erlebnissen, Begegnungen, Gedanken. Darum dürstete meine Seele und mit ihr mein Leib und mein Geist so sehr nach Sabbat, nach Stille, Zur-Ruhe-Kommen, um endlich leer zu werden, damit Gott mich wieder neu erfüllen kann. Eine harte Lebensschule stand mir bevor. Zwei Jahre brauchte ich, um diese Umkehr der Werte nicht nur intellektuell, sondern mit meinem Sein zu verinnerlichen.

Die Leere ist für die Mystik die positive Grund-haltung, um sich nicht zu verlieren im Leben, in der Entfaltung, im Engagement. Die Leere bringt mich in Verbindung mit dem Augenblick, der Gegenwart, dem Hier und Jetzt und öffnet mir das Tor zur Ewigkeit. Leersein umschreibt die Lebensweisheit, die uns mit allen Religionen verbindet; keine Bilder und keine Worte sind da mehr vorhanden, sondern Momente des Daseins, des Mitseins.

Es gibt verschiedene Wege zu dieser Leere, die eben zugleich Fülle ist. Die Vielfalt der verschiedenen Religionen bleibt wichtig und nimmt die Vielfalt der verschiedenen Menschen ernst. Entscheidend für Menschen auf dem Weg ist, die Prozesse, die Entwicklungsphasen nicht zu überspringen. Da liegt heute ganz konkret die große Versuchung und Überforderung durch die Mystik. Die Worte Meister Eckharts beispielsweise sind nicht zu haben, sie erschließen sich im Werden. Es sind immer nur *Momente* des wirklichen Leer- und Erfülltseins, die uns geschenkt sind: aus Gnade – und zugleich muten uns die Mystikerinnen und Mystiker eine intensive Persönlichkeitsbildung zu.

Leersein heißt nicht, seine Talente zu verstecken und aus Feigheit sich nicht mit ganzer Lebensmacht im Verwirklichen der Menschenrechte und der Bewahrung der Schöpfung einzubringen. Leersein heißt, alles Mögliche tun und aus tiefer Erkenntnis erahnen, dass es auf mich ganz besonders ankommt und dass die Kraft zu diesem Engagement mir im Ent-leeren meiner Gedanken und Gefühle zufließt, im Verweilen, im Dasein.

In unserer westlichen Kultur mit ihrer Fülle von Bildern und Informationen fällt es besonders schwer, leer zu werden. Doch die Vielzahl uralter östlicher Texte, die ermutigen leer zu werden, damit die Fülle uns mehr bewohnen kann, verdeutlicht, dass es sich dabei um eine existenzielle Menschheitsfrage handelt, die immer aktuell bleibt. Trotzdem: Seit Jahren übe ich mich im Einfachsten und Schwierigsten, im Dasein, um der Kraft des Augenblicks zu trauen.

Dazu brauche ich Symbole, die mich auch unbewusst verwandeln. So habe ich seit dem Entdecken der Worte Meister Eckharts in meinem Zimmer und an all den Orten, wo ich Begleitungsgespräche mit Menschen führe, große leere Schalen hingelegt. Seit Jahren sind sie da, immer noch leer und zugleich immer voller! Ich freue mich zu spüren, wie ich mich verwandelt habe und es eine Wohltat für mich ist, neben all dem Vielen, das mir täglich begegnet, Platz zu haben für die leere Schale. Ein kurzer Blick genügt, um mir diese Wirklichkeit in Erinnerung zu rufen: Die Fülle der Leere.

Die leere Schale bringe ich auch gerne mit dem tiefsinnigen Gedanken des reformierten Pfarrers, Friedrich Rittelmeyer, in Verbindung, der 1928 schon angeregt hat, »der Mensch der Gegenwart muss sein Kloster in sich selbst gründen.«[38] Erstaunlich, dass seine Diagnose, die zu dieser Aufforderung führt, nichts an Aktualität verloren hat: »Wie wir heute Tag für Tag durch unseren Beruf in Anspruch genommen werden, besonders in den technischen Berufen, aber keineswegs bloß in ihnen, das ist das Zerstörende. Es droht, den Menschen in uns auszulöschen, das echte Menschentum unmöglich zu machen ... wenige Menschen sehen mit klaren Augen, wie sie eigentlich leben. Sie leben nicht, sie werden gelebt, durch den ganzen Tag hindurch von irgendwelcher unbekannten Macht, die über ihnen die Peitsche schwingt.«[39] Um nicht gelebt zu werden durch die Ereignisse, braucht es die Widerstandskraft, leer zu werden, um sich die vielen Eindrücke setzen zu lassen. »Jeder hat sein Kloster in sich selber zu bauen: aus der Freiheit in der Einsamkeit.«[40]

Dieser Lebensweisheit aller Kulturen bedürfen wir notwendiger denn je! Ich entdecke sie nicht nur in uralten Texten, sondern finde sie zum Glück auch in all den Menschen, die das Wesentliche in ihrem Leben suchen. So erhalte ich vom zwanzigjährigen Michael, einem Stagiaire, der einige Monate mit uns gelebt hat, zum Abschied eine Tonbandkassette. Auf der Begleitkarte schreibt er mir: »Eine Kassette für dich. Sie enthält, da du sie zum ersten Mal in den Händen hältst, nur ein einziges Lied, und sie wird auch nie vollständig sein, solange wir uns kennen. Ich möchte darum nicht, dass du den leeren Teil überspielst.« – Ich bin nicht nur berührt von dieser Geste, sondern auch tief beeindruckt, wie originell ein junger Mensch die Lebensweisheit der Leere ausdrückt.

Damit unsere Beziehung zu uns selber, zu anderen Menschen, zur Mitwelt und in alledem zu Gott lebendig bleibt, bedenkt Martin Buber den »Zwischenraum«, der erforderlich für eine echte Begegnung ist. Darum ist die Leere für Mystikerinnen und Mystiker eine lebensfördernde Grundhaltung, um die Tiefendimension des Lebens zu erfahren und zu feiern. Wir brauchen Leer-Räume, um nicht gelebt zu werden, sondern damit wir uns voll Hoffnung und Widerstandskraft dem Leben stellen. Wir brauchen Schweige-Räume, um Distanz zu den Ereignissen zu schaffen : die Augen schließen, um klarer zu sehen; überall wo ich bin, das Kloster in mir betreten, tief ein- und ausatmen, behutsam die Erlebnisse lassen, leer werden, da sein, mich neu erfüllen lassen vom Atem Gottes.

Mystische Vertiefung 13

 »Dreißig Speichen gehören zu einer Nabe,
doch erst durch das Nichts in der Mitte
kann man sie verwenden;
man formt Ton zu einem Gefäß,
doch erst durch das Nichts im Innern
kann man es benutzen;
man macht Fenster und Türen für das Haus,
doch erst durch ihr Nichts in den Öffnungen
erhält das Haus seinen Sinn.
Somit entsteht der Gewinn
durch das, was ist,
erst durch das, was nicht da ist.«[41]

Lao Tse (4. Jahrhundert vor Christus)

Mit diesen wenigen Worten kann ich meine Sehnsucht wach halten, intensiver aus dem Sein, aus meinem Seelengrund, mein Leben, meine Beziehungen zu gestalten. Das »Nichts« fördert dann nicht den Missbrauch von unmündigen und unselbstständigen Menschen, sondern ist Bedingung, um Alles zu werden. Nichts und Alles sind Schlüsselworte, die sich in allen mystischen Traditionen finden. Wenn Mystiker und Mystikerinnen sagen »ich bin Nichts«, dann nicht aus einem mangelnden Selbstwertgefühl heraus – wie man vordergründig deuten kann –, sondern aus der tiefen Erfahrung, dass sich wirklich entfaltetes Leben in der Spannung von Nichts-Alles ereignet:

> »Wer selbst nicht alles ist, der ist noch zu geringe,
> dass der dich sehen soll: Mein Gott und alle Dinge.«[42]

So schreibt Angelus Silesius (1624-1677). Ich erfahre diese Wirklichkeit in intensiven Momenten, in denen Raum und Zeit wie aufgehoben sind: Beim Öffnen der Zeitung lese ich, dass Stéphane, unser Koch, als Bester des Kantons seine Abschlussprüfungen bestanden hat. Ich bin so beglückt von dieser Nachricht, dass ich in wenigen Sekunden seinen jahrelangen Weg vor mir sehe, sein Ringen und Suchen, all die vielen Gespräche im Team, um eine ihm angemessene Lösung zu finden. Alles ist da und nichts ist festzuhalten. Ich brauche das auch nicht zu halten, weil es in mir lebt als Beziehungsgeschehen, das mir nie mehr genommen werden kann, obwohl es nicht zu haben ist. Mystische Lebensgestaltung ermutigt zu dieser Selbstwerdung, indem ich alles daransetze, meinen ureigenen Weg, meine einmalige Lebensaufgabe zu erkennen und einzuüben, dass er sich im Raum des Geschehens, im Nichts, im Unbeschreibbaren zutiefst ereignet.

Mystische Vertiefung 14

»Die Seele weiß nur eines,
dass sie nichts weiß
und sie will nur eines,
nämlich dass sie nichts will.
Und dieses Nichtwissen und Nichtwollen
geben ihr alles
und lassen sie den verborgenen
und versteckten Schatz finden,
der für immer in der Dreieinigkeit
beschlossen ist.«[43]

Marguerite Porète (1255-1310)

Marguerite Porète, auch sie Begine, verfasste volkssprachliche Frauenmystik. In ihrem »Miroir des âmes simples – Spiegel der einfachen Seelen« erzählt sie von ihrem Weg der Liebe, von ihrem göttlichen Geliebten, dem »Loinprès-Fernnahen«. Am 1. Juni 1310 wurde sie in Paris auf der heutigen Place de l'Hôtel de Ville lebendig verbrannt.

»Loinprès-Fernnahe« – diese Lebendigkeit in allen Beziehungen, auch in der Gottesbeziehung, entfaltet die außerordentliche Frau. Sie ermutigt zur unmittelbaren Erfahrung der Nähe Gottes – was immer auch die Macht der Kirche einschränkt: Gott kann niemandem gebracht werden. Es gibt keinen gottlosen Menschen, kein Mensch kann Gott loswerden! – Und zugleich spricht sie wiederholt von der Nichterkennbarkeit Gottes.

In ihren engagierten Schriften voller Widerstandskraft, begegne ich einer kraftvollen Frau, die sich nicht zurücknahm, sich selber treu blieb im Nichtssein. Dies ermöglichte ihr, mit Rückgrat die Liebe zum »Fernnahen« zu bezeugen, was für sie auch ganz konkret das Genießen der vier Elemente beinhaltet: »Wer sollte sich ein Gewissen daraus machen, von den vier Elementen zu nehmen, wessen er bedarf, wie das Himmelslicht, die Wärme des Feuers, die Nässe des Wassers und die uns nährende Erde? Wir bedienen uns der vier Elemente in jeder Weise, wie die Natur ihrer bedarf, ohne Tadel der Vernunft. Diese sind gnädig spendende Elemente, von Gott geschaffen wie alle anderen Dinge. Und daher machen solche Seelen von allen verfertigten und geschaffenen Dingen Gebrauch, sofern die Natur ihrer bedarf, und dies im Frieden des Herzen, wie sie ihn der Erde gegenüber einhalten, auf der sie gehen.«[44] In diesen Zeilen steckt klar die Kritik an einer Kirche, die selber das Heil verwalten will. Diese Kritik kostete Marguerite Porète das Leben. Ihre Schöpfungsnähe konnte das Feuer nicht auslöschen. Denn nicht Kirche allein ist das Haus Gottes, sondern die ganze Schöpfung!

Mystische Vertiefung 15

 »Dass du Gott brauchst, mehr als alles, weißt du allzeit
in deinem Herzen;
aber nicht auch, dass Gott dich braucht, in der Fülle
seiner Ewigkeit dich?
Wie gäbe es den Menschen, wenn Gott ihn nicht brauchte,
und wie gäbe es dich?
Du brauchst Gott, um zu sein, und Gott braucht dich –
zu dem, was der
Sinn deines Lebens ist.
Belehrungen und Gedichte mühen sich, mehr zu sagen,
und sagen viel:
welch ein trübes und überhebliches Gerede,
das vom › werdenden Gott‹
- aber ein Werden des seienden Gottes ist, das wissen
wir unverbrüchlich
in unserem Herzen. «[45]

Martin Buber (1878-1965)

Der jüdische Religionsphilosoph Martin Buber spricht mir
ganz tief aus dem Herzen. Die verbindende Botschaft der Mystik in allen Religionen spricht vom werdenden Gott, der nicht
zu haben ist. Diese Grundhaltung würde ganz konkret zum
lang ersehnten Religionsfrieden führen. Sie eröffnet Räume des
Dialoges, ohne dass dadurch das eigene Profil aufgegeben werden muss. Sie verändert mein Menschenbild, denn auch wir
sind alle im Werden. Der Urwunsch nach Verwandlung verbindet uns, damit wir einander nicht auf gewisse Erfahrungen,
Vorurteile festnageln. Gott leben heißt an die Verwandlung des
Menschen zu glauben. Die Mystikerin Simone Weil (1903-

1943), die darum so eindringlich von der »attente«, der Aufmerksamkeit spricht, schreibt: »Jedes Wesen ist ein stummer
Schrei, anders gelesen zu werden.«[46] Die Aufmerksamkeit für
die Einzigartigkeit einer jeden und eines jeden von uns, ermöglicht mir meine Mitmenschen »anders« zu lesen: in der Lesart
Gottes, der Lesart der Liebe. Gott braucht dazu uns alle. Weil
wir wissen, dass wir wichtig sind, müssen wir uns nicht so
wichtig zu nehmen. Je mehr wir uns von uns selber lösen, umso
mehr kann Gottes heilende Kraft durch uns fließen. Dazu gehen wir in die alltägliche Lebensschule des »Nichts-Alles«, des
Mich-Einbringens und Mich-Zurücknehmens.

Mystische Vertiefung 16

 »Gott spricht zur Seele:
Dass ich dich überaus liebe, entspricht meiner Natur,
weil ich die Liebe selber bin.
Dass ich dich oftmals liebe, kommt von meiner Sehnsucht,
weil ich ersehne, dass man mich herzlich liebt.
Dass ich dich lange liebe, kommt von meiner
Ewigkeit, weil ich ohne Anfang und ohne Ende bin.

Du bist ein Licht vor meinen Augen,
du bist eine Harfe meinen Ohren,
du bist ein Klang meinen Worten,
du bist ein Gedanke meiner Heiligkeit,
du bist ein Ruhm meiner Weisheit,
du bist ein Leben in meiner Lebendigkeit
du bist eine Verherrlichung in meinem Sein.«[47]

Mechthild von Magdeburg (um 1207-um 1282)

Die Liebesmystik der drei Frauen von Helfta (Mechthild von Hackeborn, Gertrud die Große und Mechthild von Magdeburg) birgt kostbare Perlen der christlichen Mystik. Die Älteste dieses »Dreigestirns«, Mechthild von Magdeburg, entwirft in ihrem Hauptwerk »Das fließende Licht der Gottheit« auch eine dynamische Gottesbeziehung. In einer Zeit, in der die Macht ganz bei den Männern liegt, brechen Frauen auf und kämpfen für ihren Raum. Dabei versteifen sie sich nicht in sich selber, sondern sie lassen sich führen: »Ich tanze, wenn du mich führst ...«

Durch diesen Lebenstanz lerne auch ich, mich hineinzubegeben in den Fluss des Lebens, in das Hier und Jetzt, um zu erkennen, dass ich ohne den Atem Gottes nicht leben kann und dass das Wesentliche im Leben immer Geschenk ist. Das Entgegenkommen Gottes, seine Liebe geschieht vor allem Tun. Das ist die Grundmelodie der mystischen Tradition. Der Sinn meines Lebens liegt darin, diesem Geführtsein, ohne das ich nicht leben kann, zu vertrauen. Spannend bleibt neben der Einladung des Aufgehens in einem größeren Ganzen das Wagnis dieser Frauen, die Frucht dieses Aufgehobenseins, voller Selbstvertrauen zu benennen. Eine Spannung, die schon in der Lebensschule Jesu anzutreffen ist, wenn er sagt »Ich bin das Licht der Welt« und zugleich »Ihr seid das Licht der Welt.«

Mystikerinnen und Mystiker haben keine Berührungsängste, weil sie um das Geheimnis des Lebens, der Beziehung, Gottes wissen. Ohne ihn sind sie nichts, mit ihm alles. Die zeitlosen poetischen Bilder – wie Harfe und Klang sein – festigen mein Selbstwertgefühl, damit auch meine Zerbrechlichkeit, mein Stolpern, mein Schreien nach Sinn im Liebhaber des Lebens gut aufgehoben sind.

Die Frauen von Helfta erzählen von Gott wie von einem Menschen, den sie lieben; von einem Gott, der Beziehung ist: »Gott hat an allen Dingen genug: Nur allein die Berührung der Seele wird ihm nie genug.«[48] Er hat alles *und* er braucht uns! Dies bedeutet für meine Menschwerdung, dass alles schon in mir angelegt ist und ich ohne Beziehungen nicht ich selber werden kann.

Meditationstexte

 *Langsam*
Schritt für Schritt gehen

Mein Leben durchschreiten
in meinem Rhythmus
mich einlassen
auf den Grund
der mich trägt
mich gehen lassen
weil nicht ich
Anfang und Ende
Eingang und Ausgang bin

Schritt für Schritt
die Schwere der Nacht
abgeben
loslassen
die ungelösten Fragen
die in Traumbildern
mich wieder erschreckt haben
bestimmt-behutsam
mitnehmen in diesen Tag

Sonn-tag
die Sonne in mein Herz
scheinen lassen
in die Traurigkeit
in die Verletztheit

Vertrauend
dass der Pfad das Ziel ist

18. Juli 1999, 9.00 Uhr

Ich lasse mich
finden von dir
ich will gesund werden
angenommen
in meinem Verwundetsein
aufgehoben
in meiner Begrenztheit
angeschaut
in meiner Einmaligkeit
emporgehalten
in meiner Bescheidenheit
berührt
in meiner Unerreichbarkeit
geheilt
in der Tiefe meines Seins

Suche mich
bevor ich dich suche

18. Juli 1999, 14.00 Uhr

Überwältigt
sprachlos
berührt
hin- und hergerissen
im Vertrauen
dass sich etwas in mir gelöst hat
und im Zweifel
dass es doch nicht wahr ist

»Jeder Engel ist schrecklich«
sagt Rainer Maria Rilke
heilende Erfahrungen
lassen mich
aufschrecken
aufhorchen
ehrfürchtig werden

Die Sehnsucht bleibt

19. Juli 1999, 9.00 Uhr

Persönliche Notizen

5 | Von der Nähe in der Distanz

Letzten Sommer gestaltete ich Wanderbesinnungstage zum Thema »Mit Mystikerinnen unterwegs.« Wir ließen uns inspirieren vom inneren Gang durch die sieben Wohnungen zur allerinnersten Mitte, die Teresa von Avila in ihrem Hauptwerk »Die innere Burg« beschreibt. Dazu waren wir morgens immer schweigend unterwegs. Kraftvolle Bilder leben seither ganz tief in meiner Seele: Menschen, die miteinander den Berg hinaufsteigen und zugleich ganz bei sich sind; Menschen, die tief ein- und ausatmen und darum mit allem, was atmet, verbunden sind. Nähe und Distanz als Grunderfahrung unseres Lebens hatte sich sichtlich ereignet, Schritt für Schritt.

Von der Nähe in der Distanz und genauso von der Distanz in der Nähe erzählen mystische Menschen in vielen erotischen Bildern. Wir haben keinen Leib, wir sind Leib, mehr noch Leib-Geist-Seele, darum bleibt die Versöhnung zwischen Sexualität und Spiritualität ein zentrales Thema eines spirituellen Weges. Wir können die Angst vor der Lust verlieren – die die christliche Tradition oft mit Sünde gleichgesetzt hat – und sinnlicher werden.

Bei einer Höhenwanderung suchten wir für die Eucharistiefeier einen ruhigen, breit angelegten Platz. Doch je mehr wir uns dem Gipfel näherten, umso enger wurde der Raum. So blieb uns nichts anderes übrig, als auf einem schmalen Weg miteinander zu feiern. Welch eine sinnlich-spirituelle Erfahrung: ein nahrhafter Halt mitten auf dem Weg! Brot und Wein in der Mitte, in denen sich die göttliche Gegenwart verdichtet, in aller Einfachheit und Unendlichkeit. Ganz nah, geheimnisvoll und unfassbar, wie das Leben und jede echte Beziehung eben ist.

Je näher ich mit diesem Geschenkcharakter des Lebens in Berührung komme, umso mehr spüre ich das, was trennt. Je mehr ich wirklich liebesfähiger werde, umso sensibler werde ich für alle Lieblosigkeiten. Je lebendiger ich werde, umso mehr erahne ich, wie verletzlich das Leben ist, wie Leben und Tod zueinander gehören. Darum sind auch Religion und Erotik die Lebensmacht des Heiligen, so wie sie Hildegund Keul, inspiriert durch die Mystik der Mechthild von Magdeburg, beschreibt: »Wer das Leben will in seiner höchsten Intensität, geht bis an seine Grenze – und begegnet dort zwangsläufig dem Tod. Dies ist eine Erfahrung, die der Religion und der Erotik gemeinsam ist. Erotik entspringt dem Verlangen, die eigene Lebendigkeit zu spüren und alle Grenzen zu überschreiten, die daran hindern. Sie will die pure Gegenwart in höchstmöglicher Intensität, ohne sich darum zu scheren, welche Folgen dies haben wird. Hemmungslos überschreitet sie das Gebot der Ökonomie, mit den eigenen Kräften hauszuhalten. Sie ist darauf aus, alle vorhandene Energie in einem Augenblick zu verschwenden. Erotik ist wesentlich ›Ekstase‹, Heraustreten aus sich selbst, Überschreitung. Ganz ähnlich aber ergeht es der Mystikerin. Auch sie will die Überschreitung auf einen Horizont hin, der alle Grenzen übersteigt und sie mit dem vereinigt, was unendlich ist: ›Ich bin in dir, du bist in mir, wir können einander nicht näher sein, denn wir sind beide in eins geflossen.‹ Wie die Ekstase markiert auch die Transzendenz die Überschreitung. Religion und Erotik sind elementare Erscheinungsformen des Lebens, die zutiefst miteinander verbunden sind ... In diesem prinzipiellen Zusammenhang von Religion und Erotik liegt der Grund, warum Mechthild ihre religiösen Erfahrungen mit erotischen Metaphern ausdrücken kann, ja sogar ausdrücken muss ... Religion, die sich von der Lebensmacht der Erotik abwendet, trocknet aus und verdorrt.«[49]

Darum sind für mystische Menschen, die aus der Kraft der Einsamkeit ihr Leben gestaltet haben, Beziehungen lebensnotwendig. Freundschaften nähren ihre tiefe Sehnsucht nach Gott. Mystische Menschen lassen sich begleiten, bestärken und herausfordern, um ihren ureigenen Weg zu wagen: ein sehr persönlicher und zutiefst gemeinschaftlicher Weg. Aus der Kraft des Augen-Blicks zu leben heißt, anderen in die Augen blicken, Nähe erfahren, sie genießen und zugleich manchmal den Schmerz des Anderssein aushalten. Darum spricht Dorothee Sölle zu Recht von der Untrennbarkeit der himmlischen und irdischen Liebe: »Mystische Erfahrung ist ohne Erotik nicht denkbar – und zumindest nicht sagbar. Überschneidungen von Eros und Religion, die von dieser Macht einer ›sacred power‹ ausgehen, sind in allen Religionen bezeugt.«[50]

Darum verliebe ich mich immer neu in das Leben, in die Beziehungen und in die Schöpfung. Ich habe keine Angst mehr vor dieser erotischen Kraft, weil ich nicht mehr *über* diesen existenziellen Fragen stehen muss, sondern *mittendrin*. Dank dieser Leidenschaft für das Leben, die ich immer wieder neu gestalte, eingrenze, fließen lasse, integriere, kann ich Gott leidenschaftlich suchen, in allem, was mein Leben beinhaltet, in der Nähe und der Distanz.

Mystische Vertiefung 17

»Suche mich mit deinen fünf Sinnen und mache es wie ein Gastfreund, der beim Nahen eines sehr geliebten Freundes aus Fenster und Türen Ausschau hält, ob er wohl schon irgendwo des Ersehnten ansichtig werde.

So soll die treue Seele in ihren fünf Sinnen, die ihre Fenster sind, mich immerdar suchen. Erblickt sie etwas Schönes und Liebliches, denke sie, wie schön und liebenswert und gut derjenige ist, der dies gemacht hat, und so lenke sie schnurstracks zu ihm, der alles erschuf.

Hört sie eine süße Melodie oder sonst etwas, das sie begeistert, denke sie: ach, wie überlieb wird die Stimme dessen sein, der dich einst rufen wird, aus dem jede Armut und jeder Wohlklang der Stimme ausging, und wenn sie die Menschen etwas reden hört oder wenn etwas vorgelesen wird, horche sie immer gespannt, ob sie wohl etwas vernehme, worin sie den Geliebten zu finden vermöchte.

Und so suche sie auch in allem, was sie selber redet, die Ehre Gottes und das Heil des Nächsten.«[51]

Mechthild von Hackeborn (1241-1298/99)

Über die Frage nach dem Sinn des Lebens kann ich mir den Kopf zerbrechen und dabei das Leben verpassen. Mechthild von Hackeborn, eine der drei Mystikerinnen aus Helfta, lädt ein, den Lebenssinn mit allen Sinnen zu er-leben. Sie sieht darin ganz konkret eine Erfahrung der Nähe und der Distanz. Die Schönheit wahr-nehmen, kultivieren und genießen, um die Nähe zur Schöpfung zu erfahren und zugleich über diese Erfahrung hinauswachsen, sie übersteigen, indem ich darin die Schönheit Gottes erahne. Ich lasse mich also auf Nähe ein und übe zugleich das Loslassen. Wenn mir etwas gut tut im Leben, wenn ich voller Leidenschaft stundenlang schreibe und die Dimension der Zeit nicht mehr wahrnehme, wenn ich berührt bin durch eine unerwartete Begegnung, wenn der Blick und die Umarmung eines Menschen mich erfüllen, dann genieße ich das bis zu den Zehenspitzen. Zugleich versuche ich, diese Erfahrung zu lassen, um nicht im Haben stecken zu bleiben.

»Genießen-Loslassen« sind zwei Worte, die ich meditiere, im Gehen laut vor mich hinsage. Dadurch bringe ich die Dankbarkeit über die sinnlich-schöpferische Lebenskraft, die mir durch Gott geschenkt ist zum Ausdruck. Dabei erinnere ich mich, dass alles Wesentliche im Leben ein Geschenk ist, Gnade. Es braucht wohl mein Zutun, meine Offenheit und Achtsamkeit; doch ich selber kann mir dieses tiefe Angerührtsein durch die Liebe nie erleisten. Indem ich mit Leib und Seele mein Einverständnis mit dem Leben ausdrücke, komme ich zugleich mit der Lieblosigkeit der Menschen mit sich selber, mit anderen und mit aller Kreatur in Berührung. Fulbert Steffensky findet für diese Erfahrung eindrückliche Worte: »Das Gebet ist die Selbstmitteilung des Menschen an den Grund allen Lebens, an Gott. Diese Selbstmitteilung hat zwei Grundformen: das Einverständnis mit dem Leben und das Nicht-Einverständnis mit dem, was der Mensch sieht und erfährt. Gebete des Einverständnisses sind Lob, Preis und Dank ... Das Nicht-Einverständnis ist die andere große Form des Gebetes. Darunter fasse ich das Bittgebet, das Klagegebet und den Hader mit Gott. Ich vermute, dass nur der Leidenschaftliche klagen, revoltieren und hadern kann, der auch loben kann. Beide haben ein erotisches Verhältnis zum Leben zur Voraussetzung, und bei beiden ist nicht gleichgültig, was mit dem Leben geschieht. Ein Mensch muss fähig sein, etwas zu vermissen; nicht einverstanden zu sein mit den Zerstörungen des Lebens und mit der Schmach, die ihm angetan wird.«[52]

Liebende entfalten ganz besonders die Fähigkeit zur Empathie, zum mitfühlenden Dasein in Lachen und Weinen.

Mystische Vertiefung 18

»Die Liebe schlägt Verwundungen verschiedener Art. Schon ihre ersten Berührungen verwunden das Herz. Solange es nicht liebt, scheint es gesund und unversehrt zu sein und ganz sich selbst gehörig.

Jetzt aber, von der der Liebe ergriffen, beginnt es, sich von sich selbst zu trennen und zu lösen, um sich dem hinzugeben, den es liebt.

Diese Trennung aber kann nicht ohne Schmerz vor sich gehen, denn Schmerz ist nichts anderes als Trennung lebender Wesen, die sich fest aneinander halten. Die Sehnsucht bohrt unaufhörlich und verwundet das Herz, das davon befallen ist. Gott weckt in der Seele wunderbare Empfindungen und unvergleichbare Antriebe zu seiner über alles erhabenen Güte hin. Er drängt sie und treibt sie an, ihn zu lieben. So rafft sie sich denn mit aller Kraft auf, um sich zu ihrem Gott hinaufzuschwingen – kann aber nicht weiter, kann nicht lieben, wie sie es sich wünscht. Welchen Schmerz fühlt sie da, einen Schmerz, der seinesgleichen nicht hat. Während sie mächtig angetrieben wird, ihrem Vielgeliebten entgegenzufliegen, wird sie gleichzeitig zurückgehalten und kann sich nicht erheben.«[53]

Franz von Sales (1567-1622)

Gott zu lieben heißt für mich als christlichen Menschen, mich selber und die anderen zu lieben. Mystische Texte, die in intensiven, erotischen Bildern von der Gottesliebe sprechen, ermöglichen mir, wie in einem Spiegel zu erkennen, wie es um meine Beziehungs- und Liebesfähigkeit steht. Ich bin dankbar, dass in diesen geerdeten Texten nicht nur von der Vereinigung mit Gott (unio mystica) geschrieben wird, sondern auch von Erfahrungen der Gottesferne, von Verwundungen in der Liebe, von der Gottesverworfenheit. So erkenne ich im Text von Franz von Sales, einst Bischof von Genf, die schmerzliche Erfahrung, nicht so lieben zu können, wie ich es möchte, und/oder mich nicht lieben zu lassen. Lange meinte ich, dies sei vor allem mein Problem, ein Problem eines zölibatär lebenden Menschen. Durch die vielen Begleitungen erkenne ich darin aber auch die vielen Erfahrungen von Verliebten, von Ehepaaren, die eine Entfremdung spüren, eine Verschiedenheit, ein Unverstandensein und ein Blockiertsein im Liebesfluss.

Mechthild von Magdeburg ringt mit ihrer atemberaubenden Minnelyrik auch nach Worten, um neben der unglaublichen Nähe – »Gott durchküsst die Seele mit seinem göttlichen Munde«[54] – auch die andere Erfahrung einzubringen, indem sie von der »wachsenden Sehnsucht und dem fließenden Schmerz«[55] spricht. Diese realen Erfahrungen sind mir Lebenshilfe, solange ich kritisch bleibe und in der Brautmystik oder in den Christkind-Visionen auch unbefriedigte Sexual- und Fortpflanzungstriebe erkenne. Nach dem Psychotherapeuten und Theologen Peter Schellenbaum benötigen wir auch das Nein in der Liebe: »Wer nicht lernt, in der Liebe zum andern nein zu sagen, weicht gerne in eine › Wohlfahrtsehe‹ aus. Das totale Ja führt leicht zum totalen Nein: Diese Erfahrung machen zwei Liebende schon nach kurzer Zeit ... Aus Angst vor dem Nein können zwei Partner nicht mehr Ja zueinander sagen. Weil sie sich nicht abgrenzen können, können sie sich nicht mehr begegnen ... Der heutige Romeo und die heutige Julia scheitern nicht mehr am Widerstand ihrer verfeindeten Familien, sondern – nach einer Phase innigster Verschmelzung – am eigenen Widerstand, dem Du im konkreten Alltag ein Lebensrecht einzuräumen. Nach dem großen Ja zur Verschmelzung scheitern sie am großen Nein gegen die gemeinsame Verwandlung.«[56]

Mystische Vertiefung 19

»Es klopfte einer an des Freundes Tor.
›Wer bist du‹ – sprach der Freund – › der steht davor?‹
Er sagte: ›Ich!‹ Der sprach: ›So heb dich fort –
an diesem Tisch ist nicht der Rohen Ort!
Den Rohen kocht das Feuer ›Trennungseid‹ –
das ist's, was ihn von Heuchelei befreit!‹
Der Arme ging auf Reisen für ein Jahr,
in Trennungsfunken brannt' er ganz und gar.
Reif kam dann der Verbannte von der Reise,
dass wieder er des Freundes Haus umkreise.
Er klopft' ans Tor mit hundertlei Acht,
dass ihm entschlüpf' kein Wörtlein unbedacht.
Da rief der Freund: › Wer steht vor dem Tor?‹
Er sagte: ›Du, Geliebter, stehst davor!‹
›Nun, da du ich bist, komm o Ich, herein –
Zwei Ich schließt dieses enge Haus nicht ein!‹ «[57]

Rumi (1207-1273)

Lieben heißt lernen, du zu sagen. Dazu bewegt der Text des bekanntesten islamischen Sufimeisters Maulana Dschalauddin
Rumi. Er lebte und lehrte in Konya, das im heutigen Anatolien
liegt. Sein Sohn begründete den Orden der Mevlevis, der so ge-
nannten Tanzenden Derwische.

Aus tiefem Herzen Du sagen können ist unser Ziel: uns ganz
ins Du Gottes hineinzubewegen. Doch zuvor ist es heilsam zu
lernen, Ich zu sagen. Mystische Erfahrungen verlieren ihre lebensfördernde Kraft, wenn wir Prozesse überspringen, Weg-
und Durststrecken übergehen wollen, um schneller am Ziel zu
sein.

Zuerst sprach der Freund bei Rumi ich und dann ging er auf Reisen, d.h. er begegnete dem Leben mit all seinen Facetten, die ihn formten und ihn er selber werden ließen, damit er aus der Tiefe und nicht nur im Kopf Du sagen konnte. Dies gilt auch für jede Beziehung, für meine Lebensaufgabe. Es liegt an mir, meine Fähigkeiten zu entfalten, ihnen Raum zu verschaffen, mich nicht durch die Erwartungen der anderen leben zu lassen. Wenn ich nicht weiß, was ich will, dann wissen viele andere, auch die Konsumgesellschaft, schon vor mir, was sie mit mir vorhaben. Ich-Sagen gehört als Abschnitt zum Weg der Selbstwerdung, damit ich authentisch selbst-los handeln kann. Ähnliches bedeutet nach Raimon Panikkar das hinduistische »Brahman = Gott ist in allen Dingen«: »Daraus ergibt sich dieses Entdecken des göttlichen Du in den Dingen und auf besondere Weise in unserem Nächsten, was die am meisten verbreitete und menschlichste Weise ist, die Gotteserfahrung zu machen. Es steht geschrieben: ›Liebe deinen Nächsten wie dich selbst.‹ Nur wenn dieses ›dich selbst‹ sich als ein göttliches Du offenbart, können wir den anderen lieben wie ›uns selbst‹ ... Wer nicht die Entdeckung des ›Du‹ macht – die man selbstverständlich nicht ohne Denken, ohne Liebe und ohne Tat machen kann –, verliert die Möglichkeit, die göttliche Erfahrung zu machen.«[58]

Mystische Vertiefung 20

Beatrijs von Nazareth (1200-1268) hat wie auch Hadewijich die volkssprachliche Mystik begründet. In der Tradition der zisterziensischen Liebesmystik – Bernhard von Clairvaux mit seinen bekannten Predigten zum biblischen Hohelied der Liebe – lernen wir in Beatrijs »Seven manieren van minne – Sieben Grade der Minne – niederländische Mystik kennen. Es handelt sich dabei nicht um Stufen, sondern um Erfahrungsaspekte der Minne, der Kraft in der Seele, die ganz auf Gott ausgerichtet ist. Die Minne erzählt vom Ereignen Gottes, vom Beziehungsgeschehen zwischen Gott und der Seele mit all den verschiedenen beglückenden und schmerzvollen Gefühlen:

»Die erste Art ist ein Verlangen, das wirkend aus der Minne kommt, und lange muss sie im Herzen herrschen, ehe sie alle Widerstände zu vertreiben und mit Kraft und Geschick zu wirken und glaubensstark in ihrem Wesen zuzunehmen vermag ...

Dieses Begehren wird zuweilen in der Seele zum Sturm entfacht. Über allem Leid ist es das größte, der Minne nicht zu genügen ...

Das eine Mal geschieht es, dass die Minne zärtlich in der Seele geweckt wird, sich frohgemut erhebt und sich im Herzen ohne Zutun menschlicher Tätigkeit zu regen beginnt ...

Noch hat die selige Seele eine siebente Art hoher Minne, die ihr im Innern nicht wenig zu schaffen macht: Sie fühlt sich in der Minne hinangezogen über alles menschliche Sein und über menschlichen Sinn und Verstand sowie über alle Regungen des Herzens; ausschließlich mit ewiger Minne wird sie in die Ewigkeit der Minne gezogen, ins Unbegreifliche, in die Weite, in die unerreichbare Höhe und in die tiefen Abgründe der Gottheit, die in allen Dingen ist und unbegreiflich über alle Dingerkenntnis hinausgeht.«[59]

Beatrijis von Nazareth (1200-1268)

Beatrijs war Priorin im Kloster Nazareth bei Lier. Ihre Sprache lässt eine starke Persönlichkeit erkennen, die alle Höhen und Tiefen eines inneren Weges kennt, der belebt ist von der Freundschaft zu einer anderen Begine, Ida von Nijvel.

»Alles beginnt mit der Sehnsucht«, schreibt die jüdische Dichterin Nelly Sachs. Beatrijs hebt diesen ersten Erfahrungsaspekt hervor, indem sie auch von den Widerständen spricht, seiner Sehnsucht zu trauen. Sie entfaltet dann ein Menschheitsthema: nämlich, die Angst nicht zu genügen. Schmerzlicher ist sich einzugestehen, dass wir vieles aus Angst vor Ablehnung tun bzw. dass wir zu lange meinen, wir müssten anderen ewig dankbar sein, um uns entfalten zu können.

Das Motiv des Sturms, der läutert, um zur echten Liebe zu führen, wird in der Liebesmystik oft verwendet. Von dieser verwandelnden Kraft des Verliebens spricht auch der einfühlsame Therapeut und Theologe Wunibald Müller: »Inmitten des Erfülltseins, zugleich aber auch Gefangenseins von Gefühlen, ganz absorbiert von der Sehnsucht nach der geliebten Person, gewinnst du zunehmend Terrain, das von diesen Gefühlen nicht beherrscht wird. Man mag das Vernunft, Weitsicht, Realitätssinn nennen. Es ist vor allem aber auch Erdung und In-Berührung-Kommen mit meinem Selbst, meiner Mitte, die mehr sind als das, was mich in dieser Phase meines Lebens zu bestimmen scheint.«[60] Genau das meint Beatrijs in ihrer siebten Art, dem In-Berührung-Sein mit ihrer allerinnersten Mitte, mit Christus, der über mich selber hinausweist und der mich über mich selber hinauswachsen lässt. Auch diese Mitte ist lebendig und lässt sich nicht festhalten. Darum spricht sie von Höhen und Abgründen, von Nähe und Unbegreiflichkeit, eine Dynamik, die sich solange ereignet, solange ich liebe, also ein Leben lang. Dazu wieder Wunibald Müller: »Das Verlieben wird damit zu einem lebenslangen Prozess, bei dem du immer wieder Verzauberung und Ernüchterung erfährst. Es handelt sich dabei aber nicht um einen sinnlosen Prozess, eine bloße

Wiederholung, wie beim ständigen Abspulen eines Filmes. Bei jedem Ver-lieben und Ent-lieben verwandelst du dich, werden neue Seiten in dir wachgerufen, wird eine neue Quelle in dir angezapft und, wenn du offen bist für die Erfahrungen, die damit einhergehen und für dein Leben fruchtbar gemacht werden.«[61]

Dieser Weite der Nähe und der Distanz begegnen wir auch im Sein und Wirken jenes Liebhabers des Lebens aus Nazareth: Jesus berührte in seinen Begegnungen Menschen und ließ sich in großer Selbstverständlichkeit berühren, so Helmut Jaschke: »Sein Eros scheint sich dabei gerade nicht einer Frau ausschließlich zugewandt zu haben, sondern so ›weit‹ gewesen zu sein, dass er verschiedenste Spielarten des Weiblichen an sich heranlassen und seine volle erotische Ausstrahlung verströmen lassen konnte.«[62] Zu diesem zärtlichen Miteinander bewegt uns Freundin Geist auch heute.

Meditationstexte

 Ich verstricke mich selber
immer wieder in alten Mustern
die geprägt sind von
Angst
Liebesentzug
Ablehnung

Ich tue mir selber weh
indem ich mich gefangen halten lasse
innerer Krieg in mir
Unruhe
die mich nicht schlafen lässt

Befreie mich
indem du mir Wege
Schritte des Liebens aufzeigst
die getragen sind vom Wohlwollen
mir selber gegenüber

Befreie mich
indem ich mich anderen zumute
vertrauend
dass du Verwandlung bist

Hier und Jetzt

21. Juli 1999, 9.00 Uhr

Als liebender Mensch
klage ich DICH an
und protestiere mit
meinem ganzen Herzen
meiner ganzen Seele
meiner ganzen Kraft
Ich werde nicht verstummen
und auch andere
zum Schreien ermutigen
weil darin sich das Geheimnis
der Liebe ereignet

Hoffnung wird staunend erfahrbar
wenn ich klage und protestiere

Weil ich in der dunklen Nacht
an deiner Abwesenheit leide
und in Kosova
vor den unzähligen Gräbern
stehe
leide
erschüttert
empört bin

Meine Klage
mein Protest
ist Ausdruck meines Erahnens
deiner Distanz
deiner Nähe

Du
unbegreiflich – nah

21. Juli 1999, 15.00 Uhr

Sein dürfen
ich muss nicht
sondern ich bin begleitet
das in mir zu entdecken
was mir zutiefst gut tut

Diese Spur kann sich
auch durch Schwierigkeiten
hindurch zeigen
durch Zweifel
doch ich darf
und muss nicht
weil du
Leben in Fülle versprichst

Erkennen
dass Glücklichsein
auch Leiden beinhaltet
weil es keine Liebe ohne Leiden gibt

22. Juli 1999, 9.00 Uhr

Persönliche Notizen

6 | Vom Glanz in der Finsternis

In den dunkelsten Stunden meines Lebens kam mir ganz unerwartet ein Lichtblick entgegen. Als ich vor zehn Jahren während einer Erschöpfungsdepression wochenlang nicht mehr schlafen konnte, verdunkelte sich mein Dasein immer mehr. Ich tat, was ich schon als kleiner Junger gelernt hatte, kämpfen, kämpfen gegen diese Störung! Dadurch verschlimmerte sich mein physischer, psychischer und spiritueller Zustand immer mehr. Kurz vor Weihnachten, in einer endlos scheinenden Nacht, kam mir in voller Klarheit ein Bild entgegen, das mich mit Kraft erfüllte. Ich erkannte mit Leib und Seele, dass ich jetzt noch die Möglichkeit hatte, selber aufzustehen, selber durch die Türe zu gehen, selber zu meinen Grenzen zu stehen und selber meine Arbeitsstelle zu kündigen. Genauso klar stand vor meinem inneren Auge die Konsequenz meines Kämpfens bis zur Erschöpfung: hinausgetragen werden, eingeliefert werden, bestimmt werden ... Was ich seit Wochen nicht wahr-haben wollte, sah ich nun in vollem Licht: Ich will zu meiner Dunkelheit stehen, gehe ich selber auf sie zu. Auch wenn ich voller Widerstände und Ängste bin, gehe ich selber durch diese Finsternis hindurch, um mir auch darin mit Würde zu begegnen.

In diesem »selber« lag in all meiner Zerbrechlichkeit eine solche Kraft, dass ich innerhalb vierundzwanzig Stunden alles in die Wege leiten konnte, um eine Sabbatzeit zu beginnen. In diesem »selber« verdichtete sich im Voraus, was an-stand in meinem Leben: nämlich mehr ich selber zu werden. Dies bedeutete für mich ganz klar, meinen Schatten auch emotional annehmen zu können. Wie oft hatte ich gesagt, dass Licht und Schatten zu unserem Leben gehören! Doch ganz tief in mir wollte ich diese Wirklichkeit nicht annehmen – bis heute kenne ich Zeiten, in denen ich mich dagegen wehre.

In der Begegnung mit der mystischen Tradition fand ich dann einfühlsames Verständnis für meine Situation. Mystik wurde mir zur rettenden Lebenshilfe, weil ich in jenen uralten Texten von Frauen und Männern eine Verbundenheit, eine Empathie spürte, die mir half, mich selber in dieser scheinbar ausweglosen Situation zu verstehen. So waren für mich die auf den ersten Blick paradoxen Formulierungen wie »schwarzes Licht – wegeloser Pfad – beredetes Schweigen« eine große Ermutigung, um den Weg durch die Dunkelheit – der sich übrigens in allen Märchen, Mythen, Sagen und Legenden findet – zu wagen.

In der spirituellen Begleitung von Menschen höre ich oft, wie im Schmerz der Dunkelheit ein Lichtstrahl sich zeigt. Es ist der Regenbogen, der in der Verbindung von Regen und Sonne uns unerwartet zum Staunen bringt. Deshalb hebe ich besonders den Aspekt der Selbstwerdung in der Mystik hervor – in vollem Bewusstsein der Begrenztheit meiner Deutung: Mystik ist noch viel umfassender und viel komplexer!

Doch für mich gestaltete sich die Begegnung mit Dionysius Areopagita, der um 500 n.Chr. gelebt hat, als Licht in meiner Finsternis, das mich Sinn erahnen ließ. Natürlich lässt sich Gott im Schönen, im Licht, im Genießen erfahren, das ist keine Frage. Aber ich bin Dionysisus so dankbar, wenn er mir zuspricht, dass sich »Gott nur in der Finsternis«[63] sehen lässt. Sein »nur« verstehe ich als die andere Seite Gottes, die unbegreifliche, ferne, unsagbare. In dieser »negativen Theologie«, die viele Parallelen mit dem Buddhismus erkennen lässt, hat das Schweigen eine lebensfördernde Kraft. Das ist so befreiend in den dunklen

Stunden, wenn nicht billiger Trost, beruhigende Rezepte und Rat-schläge gegeben werden, sondern einzig die Zusage gilt: ICH BIN DA!

Von dieser spirituellen Kraft spricht auch Richard Rohr: »Es ist heutzutage nicht leicht, spirituell hungrig zu bleiben. Wir leben in einer betrügerischen, verführerischen Welt, in der alle Bedürfnisse sofort befriedigt werden. Wir nehmen den Schmerz zu schnell weg. Wir geben zu schnelle Antworten und setzen uns zu schnellen Reizen aus. Deshalb haben die Armen einen Vorsprung. Sie können nicht für jedes Problem die schnelle Lösung hervorzaubern: ein Aspirin, irgendeinen Trip oder eine Zerstreuung. Sie bleiben leer, ob sie es wollen oder nicht. Wir als reiche Gesellschaft sind auf einer gewissen Ebene im Nachteil. Jesus sagt, ein reicher Mensch wird es schwer haben zu verstehen, wovon er spricht. Die Reichen können ihre Einsamkeit und Sehnsucht mit trügerischen Mitteln stillen, mit raschen Rezepten, durch die sie den notwendigen Lernprozess umgehen. In der Sprache der inneren Arbeit: Wir dürfen den Schmerz nicht beseitigen, bevor wir gelernt haben, was er uns zu sagen hat.«[64]

Es geht um keinen Fall um eine Verherrlichung des Schmerzes oder um ein zynisches Glorifizieren der Armen. Mit all unserer Lebenskraft sind wir aufgefordert, ungerechte Strukturen zu verändern. So sollten wir zum Beispiel die dunklen Seiten der Globalisierung, die jeden Tag (!) 24 000 Menschen an den Folgen des Hungers, der Armut sterben lassen, sehen und benennen. Doch fordert eine mystische Lebensgestaltung auch auf, in sich selber »zu-Grunde-zu-gehen«, so der Mystiker Johannes Tauler[65]. Sonst bekämpfe ich außerhalb mit der Gefahr des Sündenbockmechanismus, was zuerst in mir integriert, erlöst werden möchte.

Das Umarmen der Dunkelheit lerne ich am stärksten in der Mystik des Weggefährten der Teresa von Avila, des Johannes vom Kreuz. Seine Mystik der »dunklen Nacht der Seele« hat mich verwandelt. Sie nährt mich bis heute, weil ich da einem sensiblen Menschen begegne, der an sich selber die Widerwärtigkeiten, die Menschen einander zufügen, erlebt hat. Weil er sich für Reformen, eben auch für das Schweigen im Gebet, eingesetzt hat, wird er 1577 von seinen Mitbrüdern (!) in Toledo gefangen gehalten, wo er unter unmenschlichsten Bedingungen neun Monate im Klostergefängnis eingesperrt ist. Während dieser Zeit entstehen seine schönsten Gedichte, wie »Die dunkle Nacht«. Juan de la Cruz hält diese Spannung aus, er durch-geht sie, durch-leidet sie, zugleich nimmt er sie – nicht fatalistisch – an. Nebst dem Ringen nach Sinn, hält er immer auch Ausschau nach einer Möglichkeit zur Flucht. Sie gelingt ihm auch, indem er sich an der Klostermauer abseilen lässt und den Sprung in den nahen Fluss wagt. Seine Texte berühren mich zutiefst und helfen mir, in der eigenen Nacht und im Begleiten von Menschen in größter Not in dieser inneren Spannung zu bleiben: mitgehen-aushalten-mitleiden-verändern-springen-aufbrechen. Dank Johannes vom Kreuz muss ich nicht mehr alles im Griff haben. Ich erfahre die Wärme des Lichtes im Mitgehen durch die Dunkelheit. Martin Gutl beschreibt das so:

»Selbst ratlos sein
und doch viele beraten können.
Selbst gebrochen sein
und doch vielen als Halt dienen.
Selbst Angst haben
und doch Vertrauen ausstrahlen.
Dass alles ist Menschsein,
ist wirkliches Leben.«[66]

Zutiefst menschlich werden wir im Hineinholen der Nacht in unser Leben, letztlich im alltäglichen Einüben des Sterbens. Das verbindet mit Menschen auf aller Welt, mit allen Kulturen. So leisten wir auch Widerstand gegen alle gesellschaftlichen Strukturen, die Menschen nur auf Produktion, auf Leistung reduzieren möchten. Annemarie Schimmel zitiert in ihrer empfehlenswerten Biografie des Sufi-Meisters Rumi ihn mit den Worten: » ...dass Reifen und Wachstum ein langsamer Prozess ist und dass man viel Geduld haben muss, diesen gottgewollten Prozess bis zum Ende zu beobachten und durchzustehen.«[67] In den beiden Worten »beobachten und durchstehen« ist jene Lebensweisheit ausformuliert, die Tag und Nacht verbindet. José Sanchez de Murillo spricht in seinem Hohelied der Liebe für das 3. Jahrtausend davon: »Doch bald zerbrach die Freude wieder. Unbarmherzig schlug die Härte zu. Das Dasein brach auseinander. Nur Splitter um mich herum. Mein Leben wurde ein Ringen mit dem Tod. Da empörte ich mich und fragte laut: Warum? Und ich schrie auch: Wozu? ... Geduldig hast du mich, als ich mich wieder auflehnte, stets darin erinnert, dass die Finsternis die Helle des Lichts birgt. Nacht und Tag gehören zusammen wie die Liebenden. Da erst erkannte ich den Sinn des Kampfes. Nimmst du ihn an?, fragtest du leise. Ja, nichts mehr fragen, antwortete ich, nur deinem Wort lauschen wollte ich und ruhig zuhören.«[68]

Mystische Vertiefung 21

 »Je näher wir Gott sind,
umso karger werden unsere Worte.

Wo wir viele Worte machen,
statt anzubeten,
statt zu verehren,
statt voll Ehrfurcht auf die Knie zu sinken:
Da sind wir von Gott noch weit.

Je näher wir Gott sind,
umso stiller wird es.
Und beginnt das Schweigen,
dann hört auch das Fragen auf:
Dann sind wir bei Gott.«[69]

Dionysius Areopagita (Ende 5. bis Anfang 6. Jahrhundert)

Beim Einüben des Schweigens, dem das Symbol der Nacht korrespondiert, strahlt ein Licht auf, das unsere Lebensqualität fördert: das Licht, das von der Allmachtsfantasie befreit, alles erklären zu müssen, das Licht, das Wärme ausstrahlt im schweigenden Mitsein, das Licht, das uns mit allen Hoffenden verbindet, mit allen Religionen, mit allen Frauen und Männern guten Willens; das Licht, das uns die Geborgenheit in Gott erfahren lässt. Der syrische Mönch Dionysius Areopagita beschreibt dies mit zeitlosen Worten:

»Die einzige Sprache, die keine Grenzen hat,
in der das Unendliche noch einen Platz hat:
Das Schweigen.
Nicht das düstere Schweigen.
Sondern ein Schweigen,
das Sprache ist.
Ehrfürchtiges Schweigen.
Betendes Schweigen.
Verehrendes Schweigen.«[70]

Diese Kraft des Schweigens, die sich besonders in der Nacht erfahren lässt, wird in der mystischen Tradition immer wieder neu aufgenommen. So bringt Thomas Gallus Vercellensis (1190-1246) aus dem Chorherrenstift St. Viktor in Paris diese Lebensweisheit in Verbindung mit Mose: »Die höhere Erkenntnis vollzieht sich in der Entrückung der höchsten Vernunft. Es ist der Eintritt des Moses in die Dunkelheit. Moses ging mitten in die Wolke hinein, das heißt in die Unwissenheit.«[71] Im Buch Exodus (24, 12-18) wird uns deutlich gemacht, dass zu einem inneren Weg die Erfahrungen des Verhülltseins gehören. Wir haben nichts falsch gemacht, wenn wir Gott immer wieder neu suchen! Das ist die höhere Erkenntnis: Annehmen, dass das Wesentliche sich uns entzieht, nicht fassbar ist, obwohl es so nah ist!

Guigues du Pont, ein Kartäusermönch, der im 13. Jahrhundert lebte, nimmt dieses Motiv in seinen zwölf Tröstungen auf dem Weg zu Gott auch auf. Im zehnten Grad erreicht die Seele Gott, der »inmitten der Dunkelheit nach ihr ruft, auf dass sie in eben dieser Dunkelheit mit ihm verweile, so wie Moses in die Dunkelheit eingetreten ist, in der sich Gott befand« (Exodus 24,16; 20,21).[72]

Eine heilsame Erfahrung! Nicht nur am Anfang meines Weges, sondern auch »im zehnten Grad« werde ich wie Mose ermutigt, in die Dunkelheit hineinzugehen, in das Schwierige, Ungewisse, Unbekannte, um auch darin Gottes Licht zu erfahren.

Mystische Vertiefung 22

»Die Stimme der Gottlosen annehmend,
scheint die Finsternis mich zu verhöhnen und mir zuzurufen:
› Du träumst von Licht, von einer mit lieblichen
Wohlgerüchen durchströmten Heimat,
du träumst von dem ewigen Besitz des
Schöpfers all dieser Wunderwerke,
du wähnst eines Tages den Nebeln,
die dich umfangen, zu entrinnen!
Nur zu, nur zu, freu dich über den Tod,
der dir nicht, was du erhoffst, geben wird,
sondern eine noch tiefere Nacht, die Nacht des Nichts ...
... Wenn Sie wüssten, in welche Finsternis ich versunken bin!
Ich glaube nicht an das ewige Leben. Mir scheint, dass es
nach diesem sterblichen Leben nichts mehr gibt.
Alles ist für mich verschwunden.
Es bleibt mir nichts mehr als die Liebe ...«[73]

Thérèse von Lisieux (1873-1897)

Thérèse von Lisieux, die Karmeliterin, die 1997 zur Kirchen-
lehrerin erhoben wurde, hat die Nacht des Glaubens erfahren.
Die »kleine Thérèse« – so genannt im Blick auf die andere Kir-
chenlehrerin, die »große« Teresa von Avila (1515-1582) –
stirbt unter großen Schmerzen mit 24 Jahren an Tuberkulose.
Ihre unbeschwerte, jugendliche Art zu glauben, spricht vielen
Menschen aus dem Herzen: »Ich möchte einen Aufzug finden,
der mich zu Jesus emporhebt, denn ich bin zu klein, um die be-
schwerliche Treppe der Vollkommenheit hinaufzusteigen. Ich
suchte daher in den heiligen Büchern nach einem Hinweis auf
den Fahrstuhl, den ich begehrte, und ich stieß auf die aus dem
Munde der Ewigen Weisheit kommenden Worte: ›Ist jemand

ganz klein, so komme er zu mir.‹ «[74] Nicht vollkommen sein, sondern einfach kommen dürfen mit allem, was ich bin: Darin erfährt sie die Liebe Gottes. Dieses Urvertrauen zerbricht durch die unerträglichen Schmerzen in ihrer Krankheit. Doch auch da bleibt sie authentisch und spricht ihre himmelschreiende Not, ihre Zweifel aus, die durch nichts beschönigt werden können: Worte, in denen sich viele Menschen, die in ihrer eigenen Nacht schreien, aufgehoben fühlen. Wie einen hoffnungsvollen Schrei der Hoffnungslosigkeit empfinde ich die Spannung in den beiden Sätzen: »Alles ist für mich verschwunden. Es bleibt mir nichts mehr als die Liebe ...«

Dieser »Trotzdem-Glaube« berührt mich. Alles, was sie vom Glauben gelernt hat, ist nicht mehr da; zugleich bleibt das Wesentliche, bleibt alles: die Liebe. Sie kann uns als Kirche unterwegs das schonungslose Aussprechen des eigenen Empfindens lehren, das paradoxerweise zum Lichtblick wird, für sich selber und andere. Wie schwer besonders auch Glaubende sich mit dieser lebensnahen Widersprüchlichkeit tun, verdeutlicht sich auch später bei Thérèse von Lisieux. Nach ihrem Tod wird alles getan, um nur die lichtvollen Seiten – die ohne Zweifel in großer Fülle da sind – bestehen zu lassen. Ihre leiblichen Schwestern, die auch in das Karmelkloster eingetreten sind, wollen das liebliche Bild ihrer kleinen Schwester behalten: »Pauline glättete die verräterischen Hinweise auf Sinnlosigkeitsgefühle und Glaubenszweifel in den hinterlassenen Manuskripten. Céline, künstlerisch begabt, aber ohne jede Ausbildung, retuschierte die Fotos, die sie von ihrer Schwester gemacht hatte, um die depressiven und energischen Züge. Leider griff sie dann auch noch zu Pinsel und Farbpalette und schuf den Prototyp jener süßlichen Klosterfrau mit den Rosen im Arm, die seither in tausendfacher Kopie Kathedralen und Dorfkirchen in aller Welt ziert.«[75]

Eine Erfahrung, die wir kennen und die aktueller denn je ist: Nur wer »cool« ist und voller Smile, darf sich heute den andern zeigen!

Mystische Vertiefung 22

»Wie gut weiß ich den Quell, der entspringt und strömt,
auch wenn es Nacht ist.

Jener ewige Quell ist verborgen,
wie gut weiß ich, wo er entspringt,
auch wenn es Nacht ist.

Seinen Ursprung weiß ich nicht, denn er hat keinen,
doch weiß ich wohl, dass aller Ursprung aus ihm stammt,
auch wenn es Nacht ist.

Ich weiß, dass nichts Schöneres sein kann,
und dass Himmel und Erde von ihm trinken,
auch wenn es Nacht ist.

Wohl weiß ich, dass kein Grund sich in ihm findet,
und dass niemand ihn durchwaten kann,
auch wenn es Nacht ist.

Seine Klarheit wird niemals verdüstert,
und ich weiß, dass ihm alles Licht entsprungen ist,
auch wenn es Nacht ist.

Weiß seine Ströme so wasserreich,
dass sie Hölle, Himmel wässern und die Völker,
auch wenn es Nacht ist.

Der Strom, der diesem Quell entspringt,
den weiß ich wohl von großer Kraft und Allmacht,
auch wenn es Nacht ist.

Der Strom, der aus diesen zwei hervorgeht,
dem ist, ich weiß, keiner der anderen beiden voraus,
auch wenn es Nacht ist.

Dieser ewige Quell ist verborgen
in diesem lebendigen Brot, um uns Leben zu geben,
auch wenn es Nacht ist.

Er ruft herbei die Geschöpfe,
und sie sättigen sich an diesem Wasser auch im Dunkeln,
da es ja Nacht ist.

Diesen lebendigen Quell, den ich ersehne,
in diesem Brot des Lebens erblicke ich ihn schon,
wenn es auch Nacht ist.«[76]

Johannes vom Kreuz (1542-1591)

Ein kraftvolles Gedicht, das ich nicht genug meditieren, mir und anderen laut vorlesen kann. Allein schon die Tatsache, dass der spanische Mystiker Johannes vom Kreuz »auch wenn es Nacht ist« zehnmal wiederholt und dann ergänzt durch »da es ja Nacht ist« und vertieft mit den abschließenden Worten »wenn es auch Nacht ist«, öffnet mir innere Räume des Verstandenseins. Da begegne ich einem Menschen, der die Wirklichkeit der Nacht ernst nimmt, sie ausdrückt und nicht moralisiert. Seine Worte spenden allen echten Trost, die meinen, es sei krankhaft, die dunkle Seite der Seele zu erfahren oder sich von Gott im Stich gelassen zu fühlen. Wohltuend-befreiend kommen mir die Verse entgegen, in denen wie in jeder echten Mystik die Spannung aufrecht erhalten wird. In einem spannenden Leben erfahre ich die Quelle, das Licht, die Kraft und zugleich begegnen mir das Verborgene, die Nacht, die Verunsicherung.

Dieses Gedicht zeigt auch eindrücklich, wie offen Sprache ist. Erst im neunten Vers deutet Juan de la Cruz die Erfahrung auch christlich, indem er vom lebendigen Brot spricht. Und auch diese Worte grenzen sich nicht ab, sondern lassen jeden

Menschen durch die Erfahrung der Gastfreundschaft sein Leben vertiefen. Dann weitet er nochmals das Ganze, indem er von allen Geschöpfen redet, die sich an diesem Wasser sättigen, um dann zum Schluss seine tiefe Sehnsucht, seinen Glauben auszudrücken: Im Brot des Lebens erblicke ich den lebendigen Quell, auch wenn es Nacht ist.

Unserer Kirche tun Menschen not, die auch im Gottesdienst eine Herzenssprache sprechen – nicht aus Beliebigkeit, sondern aus Liebe zu allen Menschen.

Die Mystik der dunklen Nacht der Seele fördert die Nähe zu depressiven Menschen, indem alle erkennen und sich zugestehen, dass sie depressive Momente, dunkle Stunden erfahren. Dabei ist es sinnvoll, immer wieder zu unterscheiden, wo es sich um psychische Erkrankung oder um eine spirituelle Krise handelt, auch wenn die Grenzen fließend sein können. In seiner hilfreichen Kleinschrift »Dein Herz lebe auf. Hilfen aus der Depression«, erwähnt Wunibald Müller Barbara Schraut, die in ihrer unveröffentlichten Arbeit »Depression oder Dunkle Nacht« wichtige Unterscheidungskriterien zusammengefasst hat. Sie leben aus der Grundhaltung, die Depression nicht einfach so »wegzutherapieren«, sondern sie zu befragen, was sie mir sagen möchte. Ganz im Sinne von C.G. Jung, von dem die Aussage stammen soll, »dass die Depression einer Dame in Schwarz gleiche. Tritt sie auf, empfiehlt er, sie nicht wegzuschicken, sondern sie als Gast zu Tisch bitten und zu hören, was sie zu sagen hat.«[77]

Mystikerinnen und Mystiker bestärken zu dieser solidarisch-heilenden Lebenseinstellung.

Mystische Vertiefung 24

 »Es war Erde In ihnen, und
sie gruben.

Sie gruben und gruben, so ging
ihr Tag dahin, ihre Nacht. Und sie lobten nicht Gott,
der, so hörten sie, alles dies wollte,
der, so hörten sie, alles dies wusste.

Sie gruben und hörten nichts mehr;
sie wurden nicht weise, erfanden kein Lied,
erdachten keinerlei Sprache.
Sie gruben.

Es kam eine Stille, es kam auch ein Sturm,
es kamen die Meere alle.
Ich grabe, du gräbst, und es gräbt auch der Wurm,
und das Singende dort sagt: Sie graben.

O einer, o keiner, o niemand, o du:
Wohin gings, da's nirgendhin ging?
O du gräbst und ich grab, und ich grab mich dir zu,
und am Finger erwacht uns der Ring.«[78]

Paul Celan (1920-1970)

Ich liebe die Texte des jüdischen Dichters Paul Celan, so wie ich auch die Gedichte von Nelly Sachs, Rose Ausländer, Hilde Domin und Else Lasker-Schüler schätze. Sie beinhalten den Schrei des Holocausts. Sie ringen nach Worten für all das unsagbare Leid. Ich vereinnahme Paul Celan nicht als Mystiker. In der Interpretation von Lydia Koelle enthält sein vierter Gedichtband

»Die Niemandrose« jedoch »wie kein anderer Celans intensive, kenntnisreiche, Gegenwart und Vergangenheit umfassende Auseinandersetzung mit jüdischer Theologie und Mystik.«[79]

Im ersten Gedicht dieses Bandes wird im unendlichen Graben das Ringen und die Auseinandersetzung mit dem Leben, mit Gott eindrücklich beschrieben. Wie schon in seinem bekanntesten Gedicht »Todesfuge« findet Celan Worte für die schrecklichen Massengräber des Holocausts: »Wir schaufeln ein Grab in den Lüften, da liegt man nicht eng.«[80]

Die Nacht des Fragens, Nichtfindens, Nichtlobens, Nichthörens braucht Räume des Klagens. Niemand kommt um das Graben herum. Und da ereignet sich ein Glanz der Finsternis: »Ich grab mich dir zu«, ich bleibe nicht alleine, wir kommen einander im Dunkeln entgegen und »am Finger erwacht uns der Ring«. Verbindendes kann wachsen, wenn wir alle unser Leben verdichten, unsere Nächte beschreiben und eineinander mitteilen, was wir trotz tiefem Grabes-Schmerz gefunden haben.

Meditationstexte

Tod und Auferstehung
ich bin lebendig
weil ich lache und weine
mich schwer und leicht fühle
mich getragen und verunsichert weiß

Ich lebe intensiv
weil ich auf dialogische Beziehungen
angewiesen bin

Ich werde mich
weil ich auf DICH
ausgerichtet bin
und erahne
wie im Loslassen
die Befreiung zu mehr Echtheit geschieht

Meine Ängste aussprechen
und loslassen
meine Ur-angst
abgelehnt zu werden
im Hineinbegeben in echte Beziehungen
überwinden können

Tod und Auferstehung feiern
Nacht und Tag feiern
ich finde mich und finde dich
ich suche mich und suche dich
ich finde beides
und suche beides jede Nacht neu

22. Juli 1999, 11.00 Uhr

Dankbarkeit
meinem Leben gegenüber empfinden
dankbar Gott gegenüber sein
weil ich ihn entdecke
in der Nacht
im Schwachen
Entrechteten
Ausgebeuteten
Schreienden

Dankbar
dass aus meinen Wunden
Perlen geworden sind
weil ich nicht vorübergehe
sondern Zeit habe
berührt zu werden
zu trösten
zu heilen

25. Juli 1999, 9.00 Uhr

Befreiendes Weinen
aus der Tiefe
mit ganzem Herzen
Seele und Kraft
in Berührung kommen
mit dem Durst
mit dir Herz an Herz
zu sein
ausruhen
nichts machen
sein dürfen
angenommen
darin die Spur
zu mehr Lebendigkeit entdecken
zu lebendigeren Beziehungen

Befreiendes Weinen
das mich zutiefst
erschüttert
Leben können
in Berührung sein
mit meinem Lebensatem
dem verletzten Kind in mir
das sich so sehr sehnt
in die Arme genommen zu sein
getröstet zu werden

Weinen können
dank dir

26. Juli 1999, 16.00 Uhr

Persönliche Notizen

7 | Vom Mitsein im Rückzug

Dieses Jahr habe ich stundenlang die Bäume meditiert. Ich habe sie aufmerksam angeschaut, bin mit ihnen ins Gespräch gekommen, habe sie umarmt. Ich habe sie mit Achtsamkeit im Rhythmus der Jahreszeiten wahrgenommen. Sie sind mir zu inneren Bildern des Wachstums und Reifens geworden. In diesem Prozess sind für die Zeitschrift »ferment« um die 20 Gedichte entstanden.[81] Dieser wohltuende Dialog hilft mir, der Brachzeit in meinem Leben mehr Raum zu geben. Da ich sehr leistungsorientiert sozialisiert worden bin, bleibt dies für mich ein Lebensthema: Wer bin ich, wenn ich nur noch bin? – Wie oft habe ich mir und anderen gesagt, dass mein Wert aus meinem Sein entspringt. Doch ich kenne immer noch die Erfahrung, beim einfachen Dasein mich unwohl zu fühlen. Diese lebensbehinderte Seite in mir macht dann Druck auf mich und, wenn ich mir dessen nicht bewusst bin, gehe ich sehr hart mit mir um.

Im Dialog mit den Bäumen kamen mir auf einmal wohltuende Worte, die mich nun seit Monaten begleiten. Im Herbst und vor allem im Winter käme es mir nie in den Sinn, einem Baum zu sagen, dass er nun endlich aufhören soll mit diesem »jährlichen Theater« des Verlierens der Blätter, des Rückzuges aller Energie. Nie würde ich einen Baum abwerten, weil er immer wieder im Rhythmus der Schöpfung sprießt, blüht, Blätter verliert, kahl dasteht. Nie käme es mir in den Sinn, ihm zu sagen, er solle doch nicht ewig dasselbe Spiel spielen und erneut Früchte bringen!

Schmerzvoll gestehe ich mir ein, dass ich jedoch mir manchmal so begegne. Besonders dann, wenn ich darauf angewiesen wäre, mir selber mit tiefem Respekt zu begegnen, kann ich hart mit mir ins Gericht gehen. Natürlich nehme ich nicht alles auf mich, unsere ganze Welt wird immer schneller, muss immer produktiver sein. Nur: Obwohl dank Computer, Internet, E-Mail – was ich übrigens auch sehr genieße – alles viel einfacher geht, haben wir doch nicht mehr Zeit.

Bäume werden mir zu spirituellen Begleitern, weil sie mich ins richtige Lot bringen, weil sie mich all-täglich erinnern, dass ich im Inneren ein Leben lang wachsen und reifen werde. In diesem Prozess, in diesem ernsten Lebensspiel, ist es ein Irrtum zu meinen, es handle sich um eine stupide Wiederholung. So wie der Baum sich Jahr für Jahr wieder seine Zeit des Rückzuges holt, sind wir Menschen als Teil der Schöpfung genauso auf diesen heilsamen Entwicklungsweg angewiesen. Rainer Maria Rilke (1875-1926) spricht im Stundenbuch von den wachsenden Ringen, die zum Wachstum gehören:

> »Ich lebe mein Leben in wachsenden Ringen,
> die sich über die Dinge ziehn.
> Ich werde den Letzten vielleicht nicht vollbringen,
> aber versuchen will ich ihn.«[82]

Dieses befreiende Bild der wachsenden Ringe bedeutet ja nicht, hinter seinen Möglichkeiten zu bleiben, seine Entfaltungsmöglichkeiten einzuschränken. Wir können es dagegen versuchen, ohne alles vollbringen zu müssen. Dazu gehört auch, das Beschneiden anzunehmen, weil dadurch sich eine stärkere Lebensqualität sammeln kann. Unsere Welt wird menschlicher, gerechter, friedvoller, wenn wir lernen aus Liebe zum Leben Nein zu sagen. In allen Kulturen finden wir diese tiefe Lebensweisheit, die auch der libanesische Dichter Khalil Gibran (1883-1931) in seinem Buch »Der Prophet« im Bild der Lotusblume beschreibt:

»Die Seele geht auf allen Pfaden.
Die Seele geht nicht auf einer Linie,
und wächst nicht wie ein Rohr.
Die Seele entfaltet sich,
wie die unzähligen Blütenblätter
einer Lotusblume.«[83]

Darum kann ich nicht genug den Seerosen zusehen. Welch eine
Wohltat zu sehen, wie sie sich öffnen und schließen! Ein- und
ausatmen, öffnen und schließen, Mitsein und Rückzug. Entscheidend ist für mich auf diesem Lernprozess die mystische
Einsicht, dass auch ich im Rückzug, im Mich-Verschließen, in
der Abgrenzung mit allem verbunden bleibe. Nach dieser anste-
ckenden Gesundheit sehnen sich immer mehr Menschen. Denn
wir werden krank am Anspruch immer offen sein zu müssen.
Im Schließen der Augen sehe ich klarer diese tiefere Verbundenheit mit allem. Dies verändert mich, meine Beziehungen, die
ganze Welt. Denn im Eintauchen in den tieferen Grund meiner
Seele verstärke ich die Friedenskraft auf dieser Welt. Das
Schöpfen aus dieser Quelle ist lebensnotwendig für ein leiden-
schaftliches Engagement in dieser Welt. Dahin führt mich meine Seele, wie dies Wunibald Müller überzeugend betont:
»Wenn du krampfhaft und strebsam versuchst, vollkommen zu
sein, läufst du Gefahr, zum Opfer deiner unvollkommenen Anteile zu werden ... Erwarte von deiner Seele nicht, dass sie dich
den Pfad der reinen Vollkommenheit führen wird. Einen Dreck
wird sie das tun ... Sie wird mitunter dazu beitragen, dass du
stolperst, dass du dich in den Augen anderer unmöglich
machst. Trag ihr das nicht nach. Sie weiß, warum sie das tut.
Sie will, dass du du bist und immer mehr du wirst.«[84]
    Die mystischen Biografien bestärken mich, nicht Opfer mei-
ner unvollkommenen Anteile zu werden, mich nicht von ihnen
terrorisieren und bestimmen zu lassen, sondern im Gespräch
mit ihnen einen Weg zu finden, indem ich wie alle Menschen
sein darf – mit Stärken und Schwächen.

Mystische Vertiefung 25

DER WACHSENDE BAUM

»Rabbi Uri lehrte: , Der Mensch gleicht einem Baum. Willst du dich vor einen Baum stellen und unablässig spähen, wie er wachse und um wieviel er schon gewachsen sei. Nichts wirst du sehen.

Aber pflege ihn allezeit, beschneide, was an ihm untauglich ist, wehre seinen Schädlingen, zu guter Frist wird er groß geworden sein.

So der Mensch:

Es tut nur not, die Hemmnisse zu bewältigen, auf dass er zu seinem Wuchs gedeihe;

aber ungeziemend ist es, allstündlich zu prüfen, um wieviel er schon zugenommen habe. «[85]

Martin Buber (1878-1965)

Die Vielfalt der Mystik ist so groß, dass sie auch zu einer Vielfalt von Definitionen führt. Das ist auch gut so, denn so bleibt der Dialog lebendig. Ich bin aufgefordert, mir eine eigene Meinung zu bilden. Darum lese ich gerne verschiedene Ansätze, um mich kritisch und differenziert damit auseinander zu setzen. In diesem Prozess ist es mir wichtig, auch auf meine Gefühle, meine Herzensstimme zu achten. Ich brauche die seriöse, wissenschaftliche Arbeit und zugleich die Umsetzung in den Alltag, in einer einfachen Sprache. So habe ich mich von Anfang an und bis heute für eine Mystik im Alltag stark gemacht. Die Komplexität der Mystik bleibt für mich. Um mich darin allerdings nicht zu verlieren, werde ich unvollkommen, ganz bescheiden und ich frage mich als ganzen Menschen, was meinem Leben

Tiefe gibt. Da treffe ich plötzlich auf einen Satz, ein Symbol, ein Urbild oder auf eine chassidische Geschichte. Bei meinem ersten – sehr autobiografischen – Mystikbuch »Licht in dunkelster Nacht« hat ein Rezensent meinen Umgang mit Mystik massiv kritisiert, weil sich die Fülle der Mystik nicht in so kleine, alltägliche Abläufe integrieren lassen könne! Dies hat mein Profil gestärkt und ich freue mich, dass Mystikkenner und Mystikkennerinnen wie Josef Sudbrack, Dorothee Sölle oder Jörg Zink immer mehr auch diese Alltagsnähe betonen.

In der notwendigen Auseinandersetzung um die Deutung der Mystik lerne ich einmal mehr, dass es da nicht nur um mich geht, sondern generell um verschiedene Gesichtspunkte und Ansprüche. So entdecke ich beispielsweise im kompetenten Buch Gershom Scholems »Die jüdische Mystik in ihren Hauptströmungen« die Frage, ob die chassidischen Geschichten überhaupt zur Mystik gehören. Scholem beantwortet die Frage allein schon dadurch, dass er dem Chassidismus in Polen dreißig Seiten widmet. Denn er sieht in diesen vielen, tiefsinnig-humorvollen Geschichten eine Popularisierung der Kabbala, »oder anders und besser ausgedrückt, das der sozialen Funktion mystischer Ideen.«[86] Darin finde ich mich – in aller Bescheidenheit; denn Spiele oder Geschichten sind für mich eine sehr ernste Sache, in ihnen verdichtet sich das ganze Leben. Geschichten nicht nur hören, sondern sie mir anzueignen, ist für mich ein mystischer Vorgang. Max Frisch bringt es auf den Punkt: »Wir probieren Geschichten an, wie Kleider, bis wir unsere gefunden haben.«

Mystische Vertiefung 26

»Während du meine also anlocktest, trat ich eines Tages – es war zwischen Ostern und Himmelfahrt – vor dem Gebet in den Hof, setzte an den Weiher mich nieder und betrachtete die Lieblichkeit dieses Ortes, der mir überaus wohlgefiel. Denn durchsichtig hell floss das Wasser dahin, ringsum standen grünende Bäume, Vögel und besonders Tauben flogen in Freiheit hin und her, und überaus erfreute mich die traute Ruhe des verborgenen Sitzes.

Da, o mein Gott, du Strom unschätzbarer Wonnen, der du, wie ich hoffe, den Anfang dieser Betrachtungen eingegeben und auch das Ende derselben auf dich hingezogen hast, da flößtest du mir in den Sinn: Wenn ich den Fluss deiner Gnaden mit beständiger Dankbarkeit in dich, seinen Urquell, zurückergösse; wenn ich durch gute Werke grünend und blühend in Weise der Bäume wüchse, wenn ich in freiem Fluge gleich der Taube dem Himmlischen zustrebte und hierdurch, mit den Sinnen des Körpers vom Lärm der Außenwelt hinweggezogen, die ganze Seele mit dir allein beschäftigte: dann würde mein Herz dir eine liebliche Wohnstätte darbieten.«[87]

Gertrud die Große von Helfta (1256-1302/3)

Das Anlocken und Anrühren der Seele ereignet sich auch über alle Sinne in der Schöpfung. Das Verweilen und Wandern in der Schöpfung wird zum mystischen Gebet. Das geschieht in der Aufmerksamkeit, im »Betrachten dieses Ortes«. Jeden Tag staune ich über die Wunder auf meinem Weg, die ich zurückführen kann auf den Urquell allen Lebens.

So wird das Bild des Baumes oft in mystischen Texten verwendet, die auch von den biblischen Baumbildern inspiriert sind, wie dem vom »Baum des Lebens« im Schöpfungsbericht (Genesis 1) oder die eindrückliche Baumparabel Jotams (Richter 9,7-16), wo die Bäume unter sich einen König suchen, bis hin zum existenziellen Bild im Psalm 1: » ...verwurzelt der Mensch«.

Baum-Zeichen finden sich zum Beispiel im St. Trudperter Hohelied, das die einzelnen Äste des Palmbaums »als bedeutende Etappen eines geistlichen Menschen«[88] darstellt.

Die Begine Hadewijch (13. Jahrhundert) beschreibt ihren inneren Weg in einer Baumallegorie: Sieben Bäume sind Sinnbild ihrer Wachstumsetappen. Auf diesem Weg hat sie einen Engel als Begleiter, ihm kommt »die Auslegung der Baumbilder zu. Denn die Bäume sind ›Zeichen‹, sie bedeuten etwas.«[89] In der Mystik der franziskanischen Spiritualität finden wir auch diese Motive: So bei Iacopone von Toldi (1230-1306), der vom »Baum der Liebe und der Kontemplation«[90] spricht. Ubertino von Casale (1259-1330) nimmt eine frühchristliche Deutung auf, indem der Baum mit dem Kreuz verbunden wird. »Das Kreuz Christi ist der Baum des Lebens (vgl. Apokalypse 22,2).«[91] Auch der niederländische Mystiker Jan van Ruusbroec (1293-1381) spricht vom »Baum des Glaubens, der von oben nach unten wächst, denn seine Wurzeln hat er in der Gottheit«[92], um dann die Verwurzelung im aktiven Leben zu finden.

Diese nur kleine Auswahl möge uns darin bestärken, auf all unseren Spaziergängen und Wanderungen heilige Orte zu erkennen. Als Teil der Schöpfung können wir unsere Verwurzelung meditieren und uns fragen, was wir zum echten Wachstum und Reifen brauchen. Auf diesem sinnlichen Weg werden wir ganz natürlich zum Rückzug, zur Stille und zum Verweilen kommen. In dieser Abgrenzung wird uns eine neue Weite, eine neue Lebenskraft geschenkt, die allen zufließen wird.

Mystischer Impuls 27

»Es besteht die Möglichkeit, mehr oder weniger ›zu sich selbst zu kommen‹.
Und es besteht auch die Gefahr, sich selbst zu verlieren.
Denn wer nicht zu sich selbst gelangt, der findet auch Gott nicht.
Oder richtiger noch: wer Gott nicht findet, der gelangt auch nicht zu sich selbst (mag er auch noch so sehr mit sich selbst beschäftigt sein) und zu dem Quell des ewigen Lebens, der in seinem eigenen Innersten auf ihn wartet ...
Vom Innersten her erfolgt auch die Ausstrahlung des eigenen Wesens,
das unwillkürliche geistige Ausgehen von sich selbst.
Je gesammelter ein Mensch im Innersten seiner Seele lebt, umso stärker ist diese Ausstrahlung, die von ihm ausgeht.«[93]

Edith Stein (1891-1942)

Mit inneren Bildern möchten Mystikerinnen und Mystiker uns für das öffnen, was verbindet, auch mit anderen Religionen. Neben dem Baum ist auch das Motiv der Seele als Garten weit verbreitet. Im Garten wächst Kraut und Unkraut, wie in unserem Inneren. Zum Wachstum gehört beides. Um mich allerdings in dieser Spannung nicht zu verlieren, brauchen wir nach der Mystikerin Edith Stein – Karmeliterin, die wegen ihres jüdischen Ursprungs 1942 in Auschwitz ermordet wurde – diese innere Sammlung. Nur so kann ich mehr oder weniger zu mir selber kommen, was bedeutet, die göttliche Quelle in mir zu entdecken. Dieser Weg nach Innen trennt mich nicht von den anderen, von der Schöpfung, sondern er verwurzelt mich noch tiefer in diesem Eingebundensein mit allem.

Mein Gesicht, meine Ausstrahlung verweist auf meinen inneren Seelengarten, der gehegt und gepflegt sein will. So heilt es, wie die Schöpfung in der Brachzeit alle Kräfte vorerst zurückzunehmen, zu sammeln, um dann neu Fülle zu erfahren – zum Blühen, Reifen, Ernten. Die jüdische Dichterin Hilde Domin sieht den Sinn des Lebens im Entfalten unseres wahren Gesichts, damit wir »durchsichtig« werden:

>»Vielleicht wird nichts verlangt
>von uns
>während wir hier sind,
>als ein Gesicht
>leuchten zu machen
>bis es durchsichtig wird?«[94]

Mystische Vertiefung 28

»Keine Schuldgefühle haben, mich nicht selbst zu rechtfertigen, nicht zu fragen, was diese oder jene Person denken mag. Oder was ich selbst denken mag. Nicht Gedanken sind es, auf die es ankommt, sondern Stunden der Stille und der kostbaren Dimension des Seins, die sonst vollständig unbekannt sind, sicherlich unbekannt, wenn man denkt, oder im Geiste spricht ...oder sogar schreibt. Es muss einfach geschehen werden, und es wird nicht geschehen, bis man nicht still gesessen hat, allein, in dessen eigener vollständiger Deutlichkeit ...

Niemals zuvor hatte ich so frei oder innig mit Wäldern, Hügeln, Knospen, Wasser und dem Himmel gesprochen. Jedoch an diesem großen Tag verstanden sie ihre Stellung und blieben stumm in der Gegenwart des Geliebten. Sein Licht allein wird sichtbar und beredt. Mein Bruder und meine Schwester, das Licht und das Wasser. Der Stumpf und der Stein. Die Felsentafeln. Der blaue, nackte Himmel. Traktorenspuren, ein kleiner Wasserfall. Und mediterrane Einsamkeit. Ich dachte an Italien, nachdem mein Geliebter gesprochen hatte und gegangen war.«[95]

Thomas Merton (1915-1968)

Beim Mystiker Thomas Merton verdeutlicht sich, wie die Kraft der Stille, der Rückzug zum tiefen Mitsein mit aller Kreatur bewegen. Je mehr Thomas Merton sich zurückzog, umso mehr führte er den Dialog mit dem Buddhismus. Je tiefer er in die Stille eintrat, desto mehr setzte er sich für die Versöhnung zwischen Amerika und Vietnam ein.

Seine Gedanken setzen auch bei mir selber, beim sein dürfen, ein: keine Schuldgefühle, keine Rechtfertigung! Da bin ich angesprochen, weil ich einen Teil meiner Sozialisation humorvoll so umschreibe: Jeden Tag drei Löffel »Was denken die anderen!« Morgens, mittags, abends Außer-mir-Sein, zu sehr bei den Gedanken der anderen.

Die Spur, mich von dieser Gefangenschaft zu befreien, legt Thomas Merton im Öffnen der Grenzen, um mich als Teil einer großen Schöpfungsfamilie zu sehen. Da spreche ich mit dem Himmel und bedanke mich bei ihm für sein Mitsein. Da begegne ich Bruder Licht und Schwester Wasser. Da erkenne ich in allem die Gegenwart des Geliebten, die mich mich selber mit allen meinen Stimmungen und Seiten annehmen lässt. Aus dieser tiefen Liebe zur Schöpfung, zum Kosmos erwächst jene ökologische Achtsamkeit, die Frieden in Gerechtigkeit auf der ganzen Welt fördert. Mein ganzes Sein wird Gebet, weil Wasser, Stille, empörtes Klagen, dankbares Staunen mein Gebet ist.

Meditationstexte

*Ich möchte versuchen
zu blühen wie eine Seerose
ohne Warum
getragen im Wasser
im Rhythmus mich öffnen
und schließen*

*Ganz da sein
trans-parent für dich
damit du durchscheinen kannst
durch mein Mitsein*

*Ganz da für
die Schreie in mir und um mich
weil du mitschreist*

*Ganz da
im Erneuern unserer Gesellschaft
die zärtlicher und menschenfreundlicher wird*

*Blühen wie eine
Seerose möchte ich
inmitten von anderen Seerosen
meine Einmaligkeit in der Verbundenheit feiern*

27. Juli 1999, 15.00 Uhr

Deinen lachenden Segen
entdecke ich in
unserem herzhaften Lachen

Du bewegst zum
Verweilen in der Stille
zum beschwingten Gang
in der Leichtigkeit des Seins

Du führst heraus
aus der Einöde und der Langeweile
und lässt den Weg in mir entdecken
Dein Wille
kann nur in Übereinstimmung
mit meinem ureigenen Weg
sich verwirklichen

Denn nur aus dieser Lebendigkeit
die der Rückzug nährt
kann ich all die zerrissenen Erfahrungen
und die monströsen Taten
die Menschen einander
und den Kreaturen der Schöpfung
antun können
mit Protest benennen
und mein Leben
zum Gleichnis des solidarischen Aufbruchs
werden lassen

28. Juli 1999, 18.00 Uhr

In der Sackgasse
fühle ich mich
immer mit denselben Fragen
an denen ich an-stoße

Das Gefühl nicht weiterzukommen
blockiert mich
irgendeinmal sollte sich doch
eine Entscheidung herauskristallisieren

Doch noch ist die Angst
zu groß
dass ich dabei zu kurz komme
mich überfordere
mein Schatten genährt wird

Kann es sein
dass im bewussten Wählen
dieser Herausforderung
sich mir neuer Raum eröffnet

Denn du überforderst
mich sicher nicht
Du lässt mich aber auch nicht
hinter meinen Entfaltungsmöglichkeiten

Wenn ich nur ein
beherztes JA sagen könnte
im Moment ist die Zeit
dazu noch nicht reif

29. Juli 1999, 9.30 Uhr

━━━━━━━━━

Persönliche Notizen

8 | Von der Lebenskraft im Leiden

Die Frage nach dem Leiden bewegte mich, Theologie zu studieren. Die so genannte Theodizee-Frage, die Frage also, warum Gott all das Leid zulässt, stand lange Zeit im Vordergrund meines Lebens: angestoßen durch mein eigenes Leiden, meine Sensibilität, meine Leidenschaft, meinen unendlichen Hunger und Durst nach Gerechtigkeit. Über fünfzig Bücher habe ich zur Frage »Gott und das Leid« gelesen – und keine Antwort gefunden. Im Gegenteil, da wo mir eine gut ausgedachte Antwort vorgestellt wurde, da habe ich mich empört. Dies ist bis heute so.

Glaubwürdig waren und sind für mich die Theologin Dorothee Sölle und der Theologe Johann Baptist Metz, die mein Studium durch ihre »Politische Theologie nach Auschwitz« grundlegend geprägt und bereichert haben. Noch heute gehören die Worte von Metz »Leidensgedächtnis« und »Autorität der Leidenden« zu meinem Alltag, besonders beim Lesen der Tageszeitung. Seiner Sicht der Mystik kann ich nur beipflichten: »Eine Mystik, die sich nur mit sich selbst beschäftigt, nimmt Abschied von moralischen Grundsätzen, wonach der religiöse Mensch auch in Verpflichtung anderen Menschen und insbesondere den Leidenden gegenübersteht ... Wir stehen in der Versuchung, Mystik ohne Bezug auf den anderen beziehungsweise die anderen begreifen zu wollen, was im Widerspruch zur großen Tradition christlicher Mystik steht, die immer auch eine gesellschaftliche Relevanz hatte und als kritische Stimme in der Welt zu vernehmen war.«[96]

Christliche Mystik bestärkt mich jeden Tag, mein Möglichstes zu tun, um Leiden zu mildern, zu überwinden, zu verhindern. Sie bestärkt mich aber paradoxerweise, jeden Tag neu verinnerlichen zu können, dass es keine Liebe ohne Leiden gibt. Wo ich Liebender bin, Mitfühlender, da bin ich immer auch Leidender. So hat sich mein hartnäckiges Bohren verwandelt in die Frage, warum lassen wir all das zu? Die Antwort auf diese ethische Anfrage ruft nach strukturellen, also politischen, ökonomischen, sozialen, ökologischen Veränderungen. Doch sie beginnt auch ganz wesentlich in mir, in meiner Leidensfähigkeit, die ich nur durchhalten kann, wenn ich Kraft aus dem Urgrund aller Liebe schöpfe, der im Leben, Lieben und Leiden des Mannes aus Nazareth so offensichtlich wurde.

In seinem schreienden Beten des Psalmes 22 »Mein Gott, mein Gott, warum hast du mich verlassen?«, hallt tiefes Mitschreien mit allen Leidenden wider, das nie verherrlicht und überhöht werden darf.

Mein Grübeln hat sich auf meinem Wege mit dem Leiden grundlegend geändert. Ich brauche keine vollständige Antwort mehr. Die Frage bleibt mir wichtig, weil sie mich ganz nahe am wirklichen Leben, am Leiden vieler Menschen Anteil nehmen lässt.

Die andere lebensfördernde Seite, die ich im kleinen Dorf Hägglingen in der Stimme meines Vaters gelernt habe, lässt sich so fassen: »Das Ethos einer Gemeinschaft zeichnet sich dadurch aus, wie sie mit dem Schwächsten umgeht.« Das also ist die positive Kehrseite des behindernden »Was denken die andern?«. Es geht um Compassion, die zutiefst sympathische (griech. = mitleiden) Art und Weise einander beizustehen.

Diese Leidensfähigkeit finde ich auch in der Mystik, obwohl ich da vieles nicht nachvollziehen kann und will. Die Identifikation mit dem leidenden Christus kann für mich krankhafte, neurotische Züge haben, die ich nie unterstützen werde. Sie kann auch Lebenshilfe sein, um im Leiden bestehen zu können. Wertvoll bleibt mir so der Stachel, nicht ruhig sein zu können, solange ein Kind verhungert, sexuell ausgebeutet wird. Da laut Unesco (Dezember 2001) eine grausame Zahl von 250 Millionen Kindern sexuell ausgebeutet werden – um nur eine dieser unfassbaren Zahlen zu nennen –, kann ich als spiritueller Mensch, der Gott und Christus in allem sucht, nie die ersehnte tiefere Ruhe finden. Denn eine weitere Versuchung der mystischen Deutung liegt darin, alles erklären zu wollen. Angesichts des Leids ist die Gefahr solchen Zynismus sehr groß.

Innerlich reagiere ich heftig, meine Leiden-schaft kommt in Bewegung, wenn Leiden *erklärt* werden will. Bei aller Wertschätzung der Bücher von Willigis Jäger, die ich nicht missen möchte, kann ich jedoch seine folgende Aussage nicht nachvollziehen: »Im mystischen Erleben ist das, was wir ›böse‹ nennen, aus der göttlichen Wirklichkeit nicht herauszunehmen. Menschen, die Opfer von Gewalt wurden, berichteten mir vom Zustand der Ruhe und des Einverständnisses in dieser Situation. Es gibt dort keine Schuldzuweisung und keine Angst und keine Wertung mehr, sondern eine große Gewissheit, dass auch das zweifellos zum göttlichen Vollzug des Lebens gehört, was wir Sünde nennen.«[97]

Mag sein, dass einzelne Personen dies so erfahren haben. Ich kenne die andere Seite, die hier verschwiegen wird: Menschen, die durch eine Vergewaltigung nie mehr menschenwürdig leben können oder die in der Gefangenschaft der Sucht versklavt bleiben. Lese ich diese absolute Deutung im Blick auf ganze Völker, die ein Leben lang von Flüchtlingslager zu Flüchtlingslager getrieben werden, dann spüre ich nur noch himmelschreiende Sprachlosigkeit.

Obwohl ich für mich sagen kann, dass ich am Leiden gewachsen bin, so kann ich daraus keine absolute Theorie machen. Zu sehr habe ich erfahren, wie im tiefen Verwundetsein die Grenzen zwischen Leben und Tod ganz nahe beieinander liegen. Zudem verbietet mir der Respekt vor jeder Lebensgeschichte eine abgeklärte Deutung der Leidensfrage.

Bin ich vielleicht noch zu jung, um mit dem Leben versöhnt zu sein? In meiner Verunsicherung lese ich dann dankbar die Worte Gotthard Fuchs', einem fundierten Mystikkenner, die er als Antwort auf Willigis Jäger geschrieben hat: »Vor allem: Woher nehmen wir diesen fröhlichen Optimismus der evolutiven Weltvollendung, diesen Evolutionismus fortschreitend bloß gelingenden Lebens? Was ist mit den Opfern, den Zu-kurz-Gekommenen und Abgetriebenen, mit den Gescheiterten und Unfertigen? Willigis Jäger notiert beiläufig: ›Wer sich nicht öffnen kann zum anderen hin, bleibt verkrüppelt und kann nicht wachsen. Wer sich der Selbsttranszendenz verschließt, geht unter.‹ Wer aber ist dann, in des dreifaltigen Gottes Namen, bei den Untergehenden und im Untergang? Was ist mit den Fehlentwicklungen der Evolution, den Krankheiten und Behinderungen, den Verlierern und Zu-kurz-Gekommenen, den Letzten? Ich empfinde diese knappen Sätze von Willigis Jäger empörend und unerträglich.«[98]

Trotz dieser Verschiedenheit bin ich Willigis Jäger – wie bereits angemerkt – sehr dankbar für sein Lebenswerk. Einmal mehr bin ich voller Trauer und Wut, dass Menschen wie er, die den friedensstiftenden Dialog der Religionen fördern, durch Rom mit einem Redeverbot behindert werden.

Die systemische Therapie, die Familienaufstellung nach Bert Hellinger lässt viele Menschen in unserer individualisierten Welt Versöhnung mit ihrer Familie und dadurch mit dem Ganzen erfahren. An Grenzen stoße ich auch da, wo Prozesse übersprungen werden und einzelne Erfahrungen als Grundlage für eine absolute Deutung verwendet werden. So schreibt Bert Hellinger: » ... unser Schicksal liegt nicht in der Hand der Täter, als ob sie Macht hätten, uns oder ein Volk zu vernichten. Auch die Täter stehen im Dienst einer höheren Macht, die entscheidet, wer leben soll und wer nicht. Das ist eine schwer wiegende Aussage. Aber erst, wenn wir zu dieser Einsicht gelangen und uns ihr fügen, finden wir Frieden.«[99]

Eine wahrhaft schwer wiegende Aussage, die mich keinen Frieden finden lässt. Damit kann ich alles erklären und als reicher Schweizer beruhigt sein, dass wir eh nie angegriffen werden, weil die höhere Macht das für die Kurden, für Afghanistan, für Rwanda, für die aidskranken Kinder, für ..., für ... entscheidet!

Mystische Texte bewirken bei mir das Gegenteil. Sie helfen mir, mit der Unruhe, mit der Empörung, mit dem Schreien zu leben – ohne mich darin ganz zu verlieren –, um echte Versöhnung zu wagen: eine Versöhnung, die den Sündenbockmechanismus überwindet; eine Versöhnung, die dank dem Ausleben der Wut vielleicht nach Jahren, Jahrzehnten dem Feind vergeben kann; eine Versöhnung, an der ich täglich mitgestalten werde und die doch nie machbar ist. Aus der christlichen Mystik erahne ich in allen Leidenden und Schreienden das Mitschreien Gottes. In einem so motivierten Aushalten wird die Hoffnung auf echte Versöhnung behutsam-leise geboren.

Mystische Vertiefung 29

»Nun aber sagen unsere biederen Leute, man müsse so vollkommen werden, dass uns keinerlei Freude mehr bewegen könne und man unberührbar sei für Freude und Leid. Sie tun unrecht daran. Ich sage, dass es nie einen noch so großen Heiligen gegeben hat, der nicht hätte bewegt werden können. Indessen sage ich demgegenüber auch: Wohl wird es dem Heiligen schon in diesem Leben zuteil, dass ihn nichts von Gott abzubringen vermag. Ihr wähnt, solange Worte euch zu Freude und Leid zu bewegen vermögen, seiet ihr unvollkommen? Dem ist nicht so! Selbst Christus war das nicht eigen; das ließ er erkennen, als er sprach: › Meine Seele ist betrübt bis in den Tod‹. (Matth 26,38). Christus taten Worte so weh, dass, wenn aller Kreaturen Weh auf eine einzige Kreatur gefallen wäre, dies nicht so schlimm gewesen wäre, wie es Christus weh war; und das kam vom Adel seiner Natur und von der heiligen Vereinigung göttlicher und menschlicher Natur in ihm.

Daher sage ich: Einen Heiligen, dem Pein nicht weh täte und Liebes nicht wohl, hat es noch nie gegeben, und niemals wird es einer dahin bringen.«[100]

Meister Eckhart (1260-1328)

Meister Eckhart ist mein großer spiritueller Begleiter auf dem Weg zur Gelassenheit. Als engagierter Mensch, hoch begabter Theologe und Philosoph, als feinfühliger Mystiker spricht er immer wieder vom Lassen: sich selber lassen, die anderen lassen, sogar davon »Gott um Gottes willen lassen, damit er mir bleibe«. Seine engagierte Gelassenheit rührt mich an, weil sie nicht abgeklärt ist, sondern sich im Stall, auf dem Marktplatz, am Herd, und auf seinen vielen Reisen bewährt hat. Da begegnet ihm Leid und Freud, die zum Leben gehören. Über diesen Grundgefühlen und -erfahrungen zu stehen, hat nichts mit Vollkommenheit zu tun.

Auch Jesus, der Liebhaber der Lebensfreude, bleibt berührbar und verwundbar. Dieser verwundete Heiler aus Nazareth steht im Zentrum des christlichen Glaubens. Darum verkündet Paulus immer den gekreuzigten Auferstandenen, der an seinen Wundmalen erkennbar ist, wie auch in allen Opfern der Gewalt, der Kriege, der Ausbeutung und Unterdrückung. Seinen Spuren folgen heißt, man selbst zu werden im Weinen und Mitschreien. Seinen Spuren folgen heißt, herzhaft lachen zu können. Seinen Spuren folgen heißt, mit den durch-kreuzten Hoffnungen im Leben rechnen, »denn wer sein Leben verliert, wird es gewinnen« (Markus 8, 34-38).

Das bedeutet aber nicht, sich dem Schönen des Lebens zu verschließen und ein Leben durchleiden zu müssen. Sich voll und ganz im Spiel des Lebens bewegen heißt aber auch, verlieren können. Diese tiefe Lebensweisheit erkenne ich auch in den Worten von Kurt Bendlin, dem zweifachen Weltrekordler im internationalen Fünfkampf, der als Favorit der Olympiade in Mexio-City 1968 wegen eines Muskelrisses ›nur‹ Dritter wurde: »Mexiko, das war eine der Lehrstunden für mein Leben, da habe ich gelernt, die Hoffnung nicht aufzugeben. Ich bin aufgestanden, obwohl ich ganz unten war. Der inzwischen automatische Sieger, dem war auf einmal klar, du kannst nicht gewinnen, du verlierst ... Sport ist einer der wichtigsten Lehrmeister für das Leben, weil man lernt zu verlieren. Verlieren hat mich stark gemacht, weil ich gelernt habe, aus allem das Beste zu machen.«[101]

Mystische Vertiefung 30

PREDIGT ZUM GLEICHNIS DER VERLORENEN DRACHME (LUKAS 15, 8-10)

»Die Frau also kehrt das Haus um und sucht die Münze. Wie geschieht dieses Suchen in dem Menschen? Die eine Art geschieht wirkend in ihm, die andere leidend. In der wirkenden Art sucht der Mensch selbst, in der leidenden wird er gesucht.

Das Suchen, bei welchem der Mensch selbst sucht, geschieht auf zweierlei Weise. Das eine Suchen des Menschen ist äußerlich, das andere innerlich; und dieses ist so hoch über jenem wie der Himmel über der Erde und ist jenem ganz und gar ungleich. Das äußerliche Suchen, mit dem der Mensch Gott sucht, besteht in äußerer Übung guter Werke mancherlei Art, so wie der Mensch von Gott gemahnt und getrieben wird, vor allem durch Übungen der Tugenden, als da sind Demut, Sanftmut, Stille, Gelassenheit und alle anderen Tugenden, die man übt oder üben kann.

Aber die andere Art des Suchens liegt weit höher. Sie besteht darin, dass der Mensch in seinen Grund gehe, in das Innerste und da Gott suche, wie dieser es uns selbst angewiesen hat, als Jesus sagte: › Das Reich Gottes ist in euch!‹ Wer dieses Reich finden will, der muss es da suchen, wo es sich befindet: nämlich im innersten Grunde der Seele, wo Gott der Seele näher und inwendiger ist, weit mehr als sie sich selbst ...

Sobald der Mensch in dieses Haus kommt und Gott da sucht, so wird das Haus umgekehrt, und dann sucht Gott ihn, den Menschen, und kehrt das Haus um und um, wie einer, der sucht: das eine wirft er hierhin, das andere dorthin, bis er findet, was er sucht. So geschieht diesem Menschen: sobald er in dieses Haus kommt und Gott in diesem innersten Grunde gesucht hat, kommt Gott und sucht den Menschen und kehrt das ganze Haus ganz und gar um und um.«[102]

Johannes Tauler (1300 -1361)

Ganz bewusst wähle ich diesen Predigtabschnitt, der scheinbar nur nebenbei vom Leiden spricht. Denn ich erkenne darin einen Schlüssel, um dem Leiden zu begegnen. Echte, geerdete Mystik spricht selbstverständlich von der Dimension des Erleidens des Lebens. Das Leben – verstanden als ein ständiger Geburtsprozess – wird mich neben der freudigen Erwartung auf das Neue und viele beglückende Stunden immer mit Geburtswehen konfrontieren. Lebendig bleiben, suchend bleiben heißt annehmen, dass ich ein Leben lang unterwegs bleibe. Von dieser Erfahrung spricht der Dominikanermönch Johannes Tauler, der seine Mystik aus einer schwierigen Lebenskrise heraus entworfen hat.

Ich begegne dem Leiden bis zu meinem Lebensende. Allerdings entlastet das Wissen, dass Leiden zur Suche nach dem Sinn des Lebens gehört. Darum ist es wichtig zu-Grunde-zu-gehen: dem Leiden auf den Grund zu gehen, im Innersten zu suchen. Dabei darf ich vertrauen, dass ich nicht nur suchen muss, sondern auch gesucht bin, heim-gesucht werde von Gott in mir. Beim Suchen und Gesuchtsein komme ich nicht um die Erfahrung herum, dass es Zeiten des Um-kehrens gibt. Zeiten, in denen ich mich neu kennen lernen kann, in denen beispielsweise eine Krankheit mir eine neue Perspektive aufzeigen kann, in denen ich durch eine schwierige Beziehungskonstellation alte Muster meiner Primärbeziehungen, meiner Beziehungen zu Mutter und Vater, aufarbeiten kann. Entscheidend ist für mich, dass diese Gratwanderung der Sinndeutung mit großer Behutsamkeit gegangen wird. Jede und jeder braucht da seine Zeit und es bleibt eine schmerzliche Realität, dass viele am Leiden zerbrechen.

Es geht mir dabei nicht um Schonung, denn die Suche nach dem Verlorenen und Abhandengekommenen braucht die innere Auseinandersetzung, von der Tauler spricht. Das Ziel eines spirituellen Weges bleibt aber die Versöhnung. Darin lässt sich nach Richard Rohr die »äußerste Ohnmacht Gottes« erkennen: »Indem ich mir selbst und anderen nicht vergebe, bewahre ich mir eine Machtposition. Gott hält an dieser Machtposition nicht fest. Gott ist wirklich bereit, seine göttliche Macht aufzugeben.«[103] Weil dieses Aufgeben der Macht nicht machbar ist, beziehungsweise dem ein langer persönlicher Reifungsweg vorausgehen kann, heißt es vorsichtig in allem Deuten des Leidens zu sein.

Johannes Tauler lädt mich mit seiner Deutung ein, nicht überrascht zu sein, wenn in Zeiten der Verlorenheit alles drunter und drüber geht. Darin kann ich meinem Leben eine neue Richtung, eine neue lebensspendende Ordnung schenken lassen.

Mystische Vertiefung 31

»Die Aufmerksamkeit ist nicht nur der wesentliche Gehalt der Gottesliebe. Auch die Nächstenliebe, von der wir wissen, dass sie die gleiche Liebe ist, ist aus dem gleichen Stoff gemacht. Die Unglücklichen bedürfen keines anderen Dinges in dieser Welt als solcher Menschen, die fähig sind, ihnen ihre Aufmerksamkeit zuzuwenden. Die Fähigkeit, einem Unglücklichen seine Aufmerksamkeit zuzuwenden, ist etwas sehr Seltenes und sehr Schwieriges; sie ist beinahe ein Wunder; sie ist ein Wunder. Fast alle, die diese Fähigkeit zu besitzen glauben, besitzen sie nicht. Die Wärme des Gefühls, die Bereitschaft des Herzens, das Mitleid genügen hierzu nicht.

In der frühen Gralssage heißt es von dem Gral, einem wunderbaren Stein, der durch die Kraft der konsekrierten Hostie jeden Hunger sättigt, dass er dem zu Eigen gehört, der an den Hüter, einen von der schmerzlichsten Verwundung zu drei Vierteln gelähmten König, als Erster die Frage stellt: › Welches Leiden quält dich?‹

Die Fülle der Nächstenliebe besteht einfach in der Fähigkeit, den Nächsten fragen zu können: › Welches Leiden quält dich?‹ Sie besteht in dem Bewusstsein, dass der Unglückliche existiert, nicht als Einzelteil einer Serie, nicht als ein Exemplar der sozialen Kategorie, welche die Aufschrift › Unglückliche‹ trägt, sondern als Mensch, der völlig unseresgleichen ist und dem das Unglück eines Tages einen unnachahmbaren Stempel aufgeprägt hat. Hierzu genügt es – aber das ist zugleich auch unerlässlich –, dass man versteht, einen gewissen Blick auf ihn zu richten. Dieser Blick ist vor allem ein aufmerksamer Blick, wobei die Seele sich jedes eigenen Inhalts entleert, um das Wesen, das sie so betrachtet, so wie es ist, in seiner ganzen Wahrheit, in sich aufzunehmen. Eines solchen Blickes ist nur fähig, wer der Aufmerksamkeit fähig ist.«[104]

Simone Weil (1909-1943)

»Attente«, Aufmerksamkeit, ist das zentrale Wort der Mystikerin Simone Weil, die als geniale Philosophin bewusst in einer Fabrik arbeitete und sich 1940 in der Résistance – dem Widerstand gegen das Naziregime – engagierte: Aufmerksamkeit als menschlich-religiöse Grundhaltung, um die Unglücklichen und Leidenden nicht als Objekte, als interessante »Fälle« zu sehen, sondern als einmalige Menschen. Dazu gehören immer wieder dieser »leere Blick«, diese vorbehaltlose, vorurteilslose Aufmerksamkeit: eine radikale Anforderung, die wir täglich neu versuchen können, in aller Hoffnung und in allem Scheitern.

Wie viel menschlicher würde unsere Welt, wenn wir – statt einander durchs Handy dauernd zu fragen »Wo bist du?« – vermehrt innehalten könnten, um zu fragen »Welches Leiden quält dich?«. Sich verwurzeln in den menschgewordenen Gott führt zu dieser empathischen Aufmerksamkeit, ohne dabei sich selber und sein eigenes Kreuz zu vernachlässigen. Das Kreuz steht nicht nur im Zentrum der christlichen Religion, es gehört als Ursymbol zu unserem Leben: Reifen und Wachsen. Hildegard Marcus hat in ihrem hervorragenden Buch »Spiritualität und Körper. Gestaltfinden durch Ursymbole« diesen verbindenden Zusammenhang hervorgehoben: »Das ›Kreuz der Wirklichkeit‹ ist ein Ursymbol, denn es ist ein Symbol für die Wirklichkeit des Lebens. Durch das Ausbreiten der Arme in die Waagrechte wird der aufgerichtete Mensch selber zum Zeichen des Kreuzes ... Der Mensch als Kreuzgestalteter und als In-seinem-Kreuz-Stehender ist universales Kreuzsymbol ... Weil das Kreuz als Zeichen des Alls schon seit frühesten Zeiten existiert, ist es einfach der Sachlage nach rechtens und erforderlich, dass sich die christliche Perspektive von ihrer Fixierung allein auf das Kreuz von Golgotha löst und im Kreuz wieder auch kosmische Weite gewinnt ...«[105]

Diese Weite eröffnet sich mir einerseits im bewussten Wahrnehmen meines Kreuzbeins (im medizinischen Sprachgebrauch wird es als »os sacrum = heiliger Knochen« bezeichnet, als geheimnisvoller Quellbereich unserer Leiblichkeit). Wenn ich mich am Ende der Meditation mit dem Kreuz bezeichne - von der Stirn bis in die Leibmitte und auf den linken und rechten Brustbereich -, so drücke ich mit dieser äußeren Form eine innere Wirklichkeit aus: die Sehnsucht an meinen durch-kreuzten Plänen und Vorstellungen wachsen zu können. Eine Sehnsucht, die sich auch verwirklicht, wenn ich voller Aufmerksamkeit mit all den »gekreuzigten« Frauen, Männern und Kindern auf der ganzen Welt solidarisch bleibe. Zugleich vergegenwärtige ich mir die Vertikale und Horizontale in meinem Leben, das Hier und Jetzt in meinen Beziehungen und die Universalität, die mich übersteigt und das Göttliche in Schöpfung und Kosmos erfahren lässt.

Mystische Vertiefung 32

»Der Prophet lag im Gebet
am Nachmittag, inzwischen lag,
während er schwebt auf der Andacht Gipfel,
die Katz' auf seines Ärmels Zipfel,
dehnte sich spinnend und entschlief,
und atmete tief,
indes die heilige Übung verlief.
Als er sich wollt' erheben nun,
sah er die Katz' in Frieden ruhn,
und schnitt,
damit sie ruhig bleibe
sich den Ärmel von dem Leibe.
Aber mit leisen, weisen Bedeuten
sprach er zu den sich verwundernden Leuten:
Schlaf ist eine Erquickung vom Herrn;
wer lässt darin sich stören gern?
Zumal wer im Gebet entschlafen,
ruht sicher in des Friedens Hafen.
Lasset die Katz'
an ihrem Platz
und schafft für die Ärmel mir einen Ersatz.«[106]

Muhammad (ca. 570 - 632) zugeschrieben

Diese Katzengeschichte zeigt mir, wie glücklich wir werden
könnten, wenn wir mitfühlende Menschen werden: mitfühlend
mit aller Kreatur. Das echte Gebet führt in diese alltägliche
Nähe zu allem, in diese Achtsamkeit, in diese tiefe Verbundenheit mit allem. Ghandi sagte: »Du musst einen tiefen Brunnen
graben, nicht viele flache.« Das tägliche Annehmen des La-
chens und Weinens, des Staunens und Entsetzens, des Lebens

und Sterbens lässt mich die Oberflächlichkeit verlassen und den tiefen Brunnen der Freude und des Mitgefühls erkennen.

Lange Zeit sagte ich, dass ich *vor* der täglichen Meditation unsere drei Katzen füttere. Heute sage ich, dass meine tägliche Meditation *mit* dem Füttern der Katzen beginnt. Alle drei beim Namen zu rufen verpflichtet mich für einen würdigen Umgang mit den Tieren.

Das Mitleiden führt die verschiedenen Religionen zusammen, um der Globalisierung Widerstand zu leisten bzw. sie zu einer Globalisierung des Weltethos zu verändern, wie Hans Küng aufzeigt: »Wenn das Maximum auch immer schon das Optimum sein soll und das Geldverdienen (Kapitalismus) und Lebengenießen (Hedonismus) zum höchsten Wert geworden sind, dann sind die Harmonie und Stabilität einer Gemeinschaft bedroht, aber auch der Lebenssinn und die Identität des Individuums.«[107]

Die Compassion konkretisiert sich darum im Überwinden von Feindbildern bzw. im Kennenlernen der anderen Religionen und Weltanschauungen. Da werden wir entdecken, dass der Weg zum Glück am Mitleiden nicht vorbeikommt, sondern es als Begleiter sieht, damit wir auch dem eigenen Leiden nicht abwehrend begegnen müssen, sondern einfühlsam-heilend.

Meditationstexte

Hunger und Durst
nach Gerechtigkeit spüren
erneut in Berührung gekommen
mit der ver-rückten
Leidenschaft Gottes
jedem Menschen
Recht auf Nahrung
Arbeit
Wohnung
Bildung
zu ermöglichen

Mich nicht mehr aufhalten lassen
all mein Möglichstes tun
um unsere kapitalistischen Strukturen
zu überwinden
die das Kapital und nicht
Menschen ins Zentrum stellen

Entfremdet sind wir uns geworden
in unserem Arbeiten
Entfremdung und überfordert
in unseren Beziehungen
die Tag für Tag
zum HABEN-wollen motiviert werden

Dich
mit mir den Traum
einer menschlicheren Welt träumen lassen
mich da noch mehr
mithineinbegeben
und mich zugleich
immer wieder herausnehmen
weil du alles in allem bist

Du kosmischer Christus
bewege durch deinen heilenden Geist
unsere Herzen
damit wir im engagierten Weg
zur Gerechtigkeit Gottes finden

1. August 1999, 9.00 Uhr

———

Mit ausgestreckten Armen
durch die Kornfelder gehen
aufmerksam
Schritt für Schritt
dem Sonnenuntergang entgegen
bestärkt dadurch
in der Hoffnung
dass immer mehr
in ökologischer Achtsamkeit
das ganz Einfache
im Leben entdecken
das Mitfühlen
um all-täglich
die große Reise
nach Innen zu gehen

1. August 1999, 19.45 Uhr

———

Ich leide an mir
tausend Gedanken
behindern mich
einfach da zu sein
im Hier und Jetzt

Ich kann sie weder
entfernen noch bekämpfen
einzig das bewusste
Ein- und Ausatmen
das bestimmt-wohlwollende Hiersein
ermöglicht mir ab und zu
jene kostbaren Augenblicke
wo alles sich verdichtet
und nichts mehr ist
da erhältst du Raum
um mich zu erfüllen
mit deiner Gegenwart

2. August 1999, 11.00 Uhr

Persönliche Notizen

9 | Vom intensiven Leben im Sterben

Eine ehemalige Arbeitskollegin, die ich einige Jahre nicht mehr gesehen habe, ruft mich am Anfang des Jahres an und schon nach wenigen Sätzen erzählt sie mir von ihrer Krebskrankheit. Und dann fragt sie ganz konkret, ob ich sie beerdigen würde. Ich spüre einen tiefen Schmerz, ringe nach Worten und sehe in diesem kurzen Augenblick unsere gemeinsame Zeit vor mir. In diesen Momenten der Empörung und der Trauer erlebe ich auch angesichts des Sterbens intensivstes Leben. Eine siebenunddreißigjährige Frau, Mutter von zwei Kindern, wird mitten im Leben mit ihrem Tod konfrontiert. Sie selber, ihr Mann, ihre Kinder, Eltern, Geschwister, Freundinnen und Freunde erleben intensive Momente des Hoffens und des Bangens. Im Sommer stirbt Judith, ihr Tod erschüttert mich. Beim letzten Besuch erlebe ich sie nochmals mit ihrem erfrischenden Lachen, als sie mich an alte komische Geschichten erinnert, die wir beim Arbeiten erlebt haben. Ich sehe ihre großen, runden Tränen bei den Worten: »Es ist nicht fair, ich will leben, meine Familie, diese Welt braucht mich noch.«

Beim Beerdigungsgottesdienst wiederhole ich ihre Worte und kann meine Tränen nicht mehr zurückhalten: Ich weine in einer übervollen Kirche und bin fest davon überzeugt, dass ich kein Wort mehr herausbringe. Dann erinnere ich mich an die Grundhaltung eines spirituellen Menschen. Ein spiritueller Mensch ist ein Mensch, der alltäglich wahrnimmt, was ist, um darin die göttliche Spur zu entdecken. So spreche ich aus, was ist. Nämlich, dass ich tief betroffen bin und ich das alles auch nicht »fair« finde. Ich atme tief durch und bin wieder voll da, meine Lebensenergie fließt im Wahrnehmen und Ausdrücken des Schmerzes. Ich bin wie mitgestorben in diesem Moment, in dem ich erstarrte und mich zum Glück nicht »zusammengenommen« habe, sondern mich gehen ließ. Sterben und Leben beieinander. Diese Erfahrung hat mich monatelang begleitet. Jedes Mal, wenn ich bewusst das schreckliche Sterben auf der Welt wahrnahm – am 11. September 2001; beim Amoklauf im Kantonsparlament in Zug; beim Sterben der Kinder in Afghanistan; beim Eskalieren der Gewalt im Nahen Osten – war ich nachts im Traum bei der Beerdigung von Judith. Nächtelang habe ich im Traum geweint. Dies war eine der dichten Erfahrungen, die mich in der Auseinandersetzung mit dem Tod zur tatsächlichen Menschwerdung führte.

Solche Erfahrungen sind ganz gegenwärtig, wann immer ich in den vielen mystischen Texten vom Sterben des Ichs lese. Ich kann immer nur von mir und meinen eigenen Erlebnissen ausgehen, wenn ich mich an uralte Weisheiten herantaste. Denn ich kann nicht im Kopf allein etwas lernen, das ich nicht mit meinen Gefühlen, mit meiner Seele in Verbindung bringen kann.

Lange Zeit fand ich keinen Zugang zum mystischen Reden vom Ich-Tod. Heute weiß ich warum: Ich gehöre zu jenen Menschen, die zu lange nicht »ich« sagen konnten bzw. die gelernt hatten, dass dies purer Egoismus sei. Mein zehnjähriger Weg, genährt von der mystischen Tradition, hat mich zuerst gelehrt, ich zu sagen. Nachzuspüren, was meine Aufgabe in dieser Welt ist, um nicht von den Ansprüchen und Erwartungen der anderen gelebt zu werden. Aufgabe bedeutet ja, sich entfalten, sich engagieren, seinen Platz einnehmen und zugleich auf-geben, loslassen, mich als Teil eines größeren Ganzen wahrnehmen. Auch bei diesem zentralen Thema zeigt sich deutlich, wie eine falsch verstandene Vollkommenheitsspiritualität entwicklungspsychologische und lebensgeschichtliche Prozesse übergehen und überspringen kann.

Ich kann mein Ich nur loslassen, wenn ich in etwa gelernt habe, mich einzubringen. Der Weg vom Ich zum Selbst, wie ihn auch C.G. Jung beschreibt, bedingt das Arbeiten an meiner Persönlichkeit. Denn auf diesem Weg kann ich ganz konkret das alltägliche Sterben einüben, indem ich versuche, Idealbilder von mir und anderen loszulassen. Dies kann mich mit schmerzlichen Ent-täuschungen in Berührung bringen. Mich wirklich annehmen mit meiner ganzen Lebenskraft und mit meiner Begrenztheit, meinen Verwundungen stellt einen intensiven Lebens- und Sterbeprozess dar.

Da wächst echte Demut, die nicht feige, verbitterte, unmündige Menschen befördert, sondern Menschen im Selbstbewusstsein stärkt, indem ihnen bewusst wird, wer sie in etwa sind und was wirklich nicht zu ihnen gehört.

Voll tiefer Dankbarkeit ist aus diesem Prozess ein Gebet entstanden, dessen Inhalt mir beim Schreiben nicht bewusst war. Der Text ereignete sich und erst als ich ihn in meinem Buch »Heilende Momente« bewusst wahrnahm, erkannte ich darin meine ureigenen Worte, die von der Spannung des Ichwerdens und Ichsterbens sprechen:

> »Du
> ermächtigst alle heilend-versöhnend da zu sein
> zu viel liegt noch in uns brach
> was entfaltet werden möchte
>
> Ich will mich lösen von mir selber
> damit deine heilende Kraft noch mehr
> durch mich fließen kann
>
> Schale werden
> leer werden
> damit deine Fülle mich bewohnen kann«[108]

Mich berührt mein Credo, weil da eine unglaubliche Spannung bleibt. Was soll ich nun tun? Entfalten, was in mir brach liegt? Oder mich lösen von mir selber? – Die Antwort habe ich in der Lebensschule Jesu, die in christlichen Mystikerinnen und Mystikern vergegenwärtigt wird, gelernt: beides, ein- und ausatmen, sich entfalten und sich lassen!

Noch vor wenigen Jahren wäre es mir nicht möglich gewesen, solche Worte zu schreiben. Die Angst vor der Fremdbestimmung beim Sich-Lösen war zu groß. Da bleibt die große Aufgabe, achtsam zu bleiben, sich gerecht und authentisch zu werden. Weil mein Selbstbewusstsein noch zu wenig stark war, ließ ich mich zu sehr von anderen beeinflussen. Dies betraf vor allem das Jasagen bei Anfragen. Heute steht neben meinem Telefon eine wunderschöne Karte mit dem Satz: »Aus Liebe zum Leben sage ich Nein und nehme keine neuen Aufträge mehr an.« In diesen wenigen Worten verdichtet sich ein langer mühsam-befreiender Prozess des Lebens und Sterbens: Denn nur so bleibe ich lebendig und kann zum Wohl der Gemeinschaft beitragen.

Der bekannte impressionistische Maler Claude Monet (1840-1926) soll an seinem achtzigsten Geburtstag, als ein Kameramann ihn fotografieren wollte, gesagt haben: »Kommen Sie im nächsten Frühjahr und fotografieren Sie meine Blumen im Garten, die sehen mir ähnlicher als ich.« Dorothee Sölle kommentiert diese wunderbare Szene so: »Eine mystische Antwort! Das Ichlos-Werden beginnt nicht mit Überich-Forderungen oder Reinigungsritualen, sondern im staunenden Teilen des einen Lebens, das in allem ist. Die Ichlosigkeit ist nicht Aufgabe, sie ist zuerst Glück; die Gartenblumen sehen Claude Monet wirklich ähnlicher als sein Foto! Eine größere Freiheit ist möglich, Ängste und Untröstlichkeiten fallen ab, ja, das Bewusstsein ein bedürftiges Einzelwesen zu sein, tritt zurück.«[109]

Zu dieser inneren Freiheit sind wir gerufen. Sie verwirklicht sich in der befreienden Zusage, unvollkommen bleiben zu dürfen!

Mystische Vertiefung 33

»Es ist der Schmerz und es ist die Freude, die die Gemütsbewegung der Seele und mit ihr das ganze Leben durchziehen: der Schmerz über den abwesenden, die Freude über den gegenwärtigen Bräutigam. Ihre einzige Erwartung ist die Freude, ihn ohne Unterlass zu sehen. Dies geschieht nicht nur einmal und in einer einzigen Weise, sondern häufig und in vielerlei Weisen ...

Wahrlich wenn du fort bist, bin ich gänzlich verwirrt, wendest du dein Antlitz ab, schwinden die heiligen Empfindungen der Liebe. Bitterkeit erfasst das Bewusstsein und eine sinnverwirrende Traurigkeit. Im Umgang mit dem Nächsten gerät alles zum Ärgernis, in der Stille tobt das aufgebrachte Gemüt. Das innere Licht ist geschwunden, beengende Finsternis umhüllt mich, es schmachtet der Glaube, die Hoffnung stammelt, die Liebe erlahmt, der Geist wird trunken und verliert die Herrschaft über sich. Schwer lastet der Leib auf der Seele, die Seele auf dem Leib. Das Gebet wird unstet, die Lesung stockend, die Meditation ist ohne Kraft, das verhärtete Herz erlaubt dem Gemüt keinerlei Frucht. Der ganze Erdkreis scheint aufgebracht gegen mich, die Elende und die Törin.«[110]

Wilhelm von St. Thierry (1085-1148)

In der mystischen Tradition wird das Hohelied der hebräischen Bibel (Erstes Testament) mit seinen kraftvollen, erotischen Bildern weiter vertieft. Dieser faszinierende Dialog zwischen Braut und Bräutigam wird in der Brautmystik auf die Sehnsucht der Seele nach der Vereinigung mit Gott übertragen. Nicht nur Mystikerinnen greifen dieses Motiv auf, sondern auch Männer. Die Hohelied-Predigten des Mystikers Bernhard von Clairvaux haben bis heute eine große Ausstrahlung. Der Mystiker Wilhelm von St. Thierry stand bis vor einem halben Jahrhundert im Schatten von Bernhard. Die beiden kannten sich und der literarische Einfluss war wechselseitig.

In der Hohelied-Auslegung des Wilhelm beeindrucken mich die vielen Gefühle, denen die Braut in den Zeiten der Abwesenheit des Bräutigams unterworfen ist. Auch die mystische Lebensgestaltung lebt nicht nur von schönen, romantischen Momenten, sondern erfährt auch die Härte des Lebens, die Erfahrungen des Sterbens, der Gottesabwesenheit. Kurt Ruh fasst das so zusammen: »Der Entzug der Gottesliebe und, damit eng verbunden, der geistliche Tod sind Grunderfahrungen aller Mystiker und werden auch immer wieder ins Wort gebracht. Sie sind wohl nirgends so intensiv, ja mit leidenschaftlicher Bewegtheit formuliert worden wie von Wilhelm von St. Thierry.«[111]

Die unstillbare Sehnsucht führt zum Verwundetsein in der Liebe. So ist dieser mystische Text für mich ein eindringliches Plädoyer für die Räume der Trauer, die wir brauchen, um lebendig zu bleiben. Wilhelms Worte beschreiben nicht nur die Zeiten der Gottesferne, die jeder spirituelle Mensch erlebt. Sie drücken auch die vielschichtigen Gefühle aus, die ein Mensch erfahren kann, wenn seine Partnerin, sein Partner stirbt oder wenn ihn durch Trennung, Scheidung der Schmerz des Abschieds ganz erfüllt. Kein Moralin wird angeboten, sondern einfühlsames Beschreiben der Verwirrung, des Ärgers, der Finsternis, der Lähmung. In all dem »stammelt die Hoffnung«: Worte, die alle Trauernden aufatmen lassen.

Mystische Vertiefung 34

 »Himmel und Erde
überdauern alle Zeit.
Sie überdauern alle Zeit,
weil sie nicht um ihrer selbst willen leben.
Deshalb können sie immer leben.

Der Weise tritt zurück
und gerade deshalb ist er so weit voraus.
Es gibt sein Selbst auf,
und gerade deshalb bleibt es erhalten.
Weil er sein Selbst vergisst,
kann er sein Selbst finden.«[112]

Lao Tse (4. Jahrhundert vor Christus)

Meine Hoffnung wird dadurch genährt, dass ich die verbindende Lebenskraft der uralten Lebensweisheiten, die sich in allen
Traditionen und Kulturen finden, entdecke. Da trete ich ein in
größere Räume, die die Enge der Konfessionen und Religionen
überwinden. Erstaunlich ist dabei für mich, dass sich mein Profil, meine Verwurzelung in meiner christlichen Tradition, verstärkt. Je tiefer ich verwurzelt bin, desto mehr verliere ich die
Angst vor dem Fremden und Unbekannten und entdecke paradoxerweise immer mehr Ähnlichkeiten. Darum zitiere ich auch
gerne längere Abschnitte in meinen Büchern: mich in anderen
Worten wiederzufinden, beglückt mich und lässt mich nicht
nur an meinen Worten festhalten.

Die uralten Worte von Lao Tse finde ich wieder im Aufruf
Jesu, sich selber zu verlieren, um den Sinn des Lebens, das Eingebundensein in ein größeres Ganzes, in Gottes Atem zu gewin-

nen. Mystikerinnen und Mystiker sprechen vom Ich-Tod. Was dies bedeutet, übernehme ich also gerne von Willigis Jäger: »Es geht der Mystik nicht darum, das Ich zu beseitigen und zu bekämpfen. Sie will das Ich lediglich in seine Schranken verweisen und ihm das Gewicht beimessen, das ihm gebührt. Darum strebt sie danach, das Ich als das zu erkennen, was es wirklich ist: ein Organisationszentrum für die personale Struktur des je individuellen Menschen. Dieses Organisationszentrum ist für unser Leben unverzichtbar. Es macht uns zu Menschen. Das ist für die Mystik selbstverständlich. Die mystische Erfahrung aber bringt den Menschen dahin, dass er sich nicht mehr mit diesem vordergründigen Ich identifiziert und dadurch frei wird für eine Wirklichkeit, in der das Ich nicht mehr dominiert ... Mystiker erfahren die Zurücknahme ihres Ich deshalb auch nicht als Verlust. Es erscheint ihnen als etwas viel Kostbares, das einen Verlustgedanken gar nicht aufkommen lässt. Entsprechend sind sie fast immer starke Persönlichkeiten.«[113]

Unsere Welt braucht vordringlich Menschen mit Rückgrat, die ihr inneres Feuer für eine Vision brennen lassen , die bereit sind, sich auch ehrenamtlich für ein Projekt zu engagieren. Menschen, die einüben anzunehmen, dass sie nicht alles ernten können, was sie jetzt mit Leib und Seele säen. Sie sind bereit, in der Minderheit zu sein, mit Rückschlägen zu rechnen, also konkret »sterbend« in ihrem Engagement zu sein, damit zukünftigen Generationen die Frucht davon zukommt. Dies bedeutet, Weizenkorn zu sein, sich in die Erde im Vertrauen fallen zu lassen , dass andere ernten können (vgl. Johannes 12,24). In solcher Spiritualität des Sterbens engagiere ich mich weiterhin für eine menschlichere, offenere Kirche. In dieser winterlichen Kirchenzeit mit einem wachsenden Reformstau, der so viel Leiden bewirkt, gebe ich meine Hoffnung auf den Frühling einer Kirche nicht auf. Konkret heißt das für mich: annehmen, dass ich es vielleicht nicht mehr erlebe, was aber sicher kommen wird – beispielsweise verheiratete Priester und Priesterinnen!

Mystische Vertiefung 35

»In diesem Umfangen der grundlosen Liebe verlieren wir uns
selbst und überfließen in die wüste Finsternis Gottes. Auf diese
Weise vereint, ohne Mittel eins mit Gottes Geist, dürfen wir Gott begegnen und mit ihm und in ihm unverlierbar die ewige Seligkeit besitzen ...

Bei jedem Entzünden Gottes wird er von Gott erfasst und in der
Liebe von neuem berührt. All-lebend stirbt er und all-sterbend wird
er wieder lebend ...

Gott kommt ohne Unterlass mit und ohne Mittel in uns hinein und
fordert uns auf zu kosten und tätig zu sein und dass das eine vom andern nicht gehindert, vielmehr gestärkt wird.«[114]

Jan van Ruusbroec (1293-1381)

Mystische Texte sind voller Paradox. Leben und Tod, Licht
und Dunkelheit, Aktion und Kontemplation gehören zusammen. Der niederländische Mystiker van Ruusbroec spricht von
diesen Gegensätzen auf dem Weg der Gottessuche und Gottes-
begegnung.

Mich selber verlieren, mich hineinwagen in die Tiefe, ins
Unbekannte, heißt Momenten der Finsternis begegnen, um
dann zum Licht zu gelangen.

All-lebend und all-sterbend zu sein, bringe ich in Verbindung mit inneren Heilungen, die uns zuerst durch den Schmerz
hindurchführen. Eine solch schmerzvoll-heilende Erfahrung
wurde mir am 6. Januar 2001 geschenkt. Ich lud meine Geschwister und meine Freundinnen und Freunde, denen ich eines
meiner Bücher gewidmet hatte, zu einem Bücherfest ein. 100
000 verkaufte Bücher wollte ich aus Dankbarkeit mit vielen anderen feiern. Dazu lagen zum Fest alle meine Bücher auf einem
Tisch. Als ich mein erstes geschriebenes Buch »Tastend unter-

wegs« in die Hand nahm und sagte: »Mit diesem Buch, das ich zusammen mit Lisianne geschrieben habe, hat alles angefangen«, spürte ich einen tiefen Schmerz. Ganz unerwartet breitete er sich in mir aus; ich konnte meine Tränen nicht mehr zurückhalten. Schlagartig wurde mir bewusst, dass nicht mit diesem Buch, sondern mit meinen Eltern »alles angefangen« hatte. Als ich dies öffentlich meinen längst verstorbenen Eltern sagte, spürte ich endlich die langersehnte Versöhnung mit ihnen. Jahrelang hatte ich daran gearbeitet, wohl wissend, dass sie nicht machbar sei. In einem Moment, in dem ich mich sicher fühlte, weil ich ja meine Bücher in der Hand hatte, war das Fließen des Schmerzes möglich: eine tiefe spirituelle Heilungserfahrung, die ich in den Worten von van Ruusbroec »all-lebend und all-sterbend« wiederfinde. Das Durchleben der Enttäuschung, des Nicht-verstanden-Seins war für mich ein Sterben und das Aussprechen, das Annehmen meiner Geschichte ein Auf-erstehen. Dahinter steckt ein jahrzehntelanger Prozess, den ich gebraucht habe, um in einem Moment er-löst zu werden. Diese Erfahrung erfüllt mich mit neuer Kraft. Ich spüre die Wurzeln, die mich tragen; und ich muss vieles nicht mehr mit mir herumschleppen. »Kosten und tätigsein« benennt der Mystiker die Frucht des Sterbens. Keines soll das andere hindern, beides ist nötig, um die Lebensaufgabe wahrnehmen zu können.

Mystische Vertiefung 36

»Dass ich in dreißig Tagen wieder frei sein würde, bedeutete mir nichts. Nie mehr würde ich frei sein; für mich gäbe es keine Freiheit, solange ich wusste, dass auf der ganzen Welt Frauen und Männer, Mädchen und Jungen hinter Gittern Zwang, Misshandlungen, Isolation und Strafen für Verbrechen erlitten, deren wir alle schuldig sind. ... Für Arbeit gegen Bezahlung verkauften sich die Leute, und wenn ihr Preis hoch genug war, ehrte man sie. Wenn ihre Betrügereien, Diebereien und Lügen kolossale Ausmaße erreichten – wenn sie nur erfolgreich waren –, ernteten sie Lob statt Tadel.«[115]

Dorothy Day (1897-1980)

Ein mystischer Weg ist immer ein politischer Weg; ein Weg des Widerstandes, auf dem wir unvollkommen bleiben und nicht immer die richtigen Worte finden. Solange Menschen an Hunger sterben, kann ich nicht wirklich versöhnt sein. Davon erzählt die katholische Radikale Dorothy Day, die Frömmigkeit, Pazifismus und freiwillige Armut in Amerika gelebt hat. 1919 kam sie als Neunzehnjährige erstmals ins Gefängnis, weil sie an einer Demonstration vor dem Weißen Haus teilnahm, die das Stimmrecht der Frauen forderte. Im Gefängnis nahm sie an einem Hungerstreik teil. Da erkannte sie die strukturelle Ungerechtigkeit, die Menschen ins Gefängnis führt. Diese Erfahrung ließ sie nicht mehr los. Es gab keine Freiheit mehr für sie. Day vergegenwärtigt in mir die Frau, die täglich mit den Leidenden und Unterdrückten mitstirbt. Sie gründete mit anderen den »Catholic Worker« eine monatlich erscheinende Zeitung, in der sie als begabte Schreiberin die Wirklichkeit wahr-nahm, durch-schaute und in einen größeren Zusammenhang brachte.

Ich erinnerte mich an Dorothy Day, als ich – parallel zur Eröffnung des Weltwirtschaftsforums (WEF) in New York – am 31. Januar 2002 an einer Mahnwache vor dem Bundeshaus in Bern stand. 24 000 Kerzen brannten als Erinnerung an die täglichen Opfer der Armut weltweit, davon 18 000 Kinder unter fünf Jahren. Die Bethlehem Mission Immensee hatte mit anderen Organisationen zu dieser Aktion eingeladen, auch um der Schweizer Regierung Forderungen nach glaubwürdigerer Entwicklungszusammenarbeit zu überreichen. Mitten in der Stadt, mitten im Abendverkauf stand ein Kreis von Menschen um 24 000 brennende Kerzen. Jene unfassbare Zahl ließ mich dastehen – mit Trauer und Wut, Ohnmacht und Hoffnung.

Die Mystik führt direkt auf die Straße, auf die Marktplätze, um schweigend jenen Sprache zu verleihen, die keine Stimme mehr haben. Sich dieser Wirklichkeit stellen, sie nicht verdrängen, tut weh, ist ein täglicher Sterbeprozess. Miteinander für diesen Widerstand aufstehen, lässt mich jenes Leben erfahren, wonach ich mich sehne, ein lachend-weinendes Leben. Dorothy Day zitierte gerne Teresa von Avila für diesen engagierten Lebensweg: »Der ganze Weg zum Himmel ist Himmel.«

Meditationstexte

Mich lieben lassen
meine Verwundungen
umarmen lassen
ganz sachte und
voller Wärme

Mich lieben lassen
meine berechnenden Seiten
meine Verhärtungen
aufweichen lassen

Mich lieben lassen
zutiefst annehmen
wie die Gaben
die du mir geschenkt hast
anderen zufließen können
und sie bereichern

Mich lieben lassen
schmerzvoll annehmen
wie dies brachliegt
wie all mein Tun
noch erlöster werden möchte

Mich lieben lassen
und mit anderen zusammen
wagen mitzugestalten an
Deiner zärtlich-gerechteren Welt
in aller Kraft und Bescheidenheit

Mich lieben lassen
mich angenommen wissen
durch dich
erfahrbar im Fluss des Lebens

3. August 1999, 9.00 Uhr

Schlussendlich bleibt
von all den vielen Worten
die ich gehört und
aufgeschrieben habe
nur eines

LIEBEN

So oft gebraucht
missbraucht
abgedroschen
verharmlost
gestehe ich in aller Bescheidenheit ein
dass ich am Anfang
des Sinns des Lebens bin

LIEBEN

Nicht jenes Verliebtsein
das all mein Sein erfüllt
und ich nicht missen möchte
diese Erfahrung
die so süß-bitter ist

Nicht jene Leidenschaft
die haben will
besitzen
sich nicht vorstellen kann
ohne diesen Menschen
zu leben

Nein
und doch mit dem Verliebtsein
und mit der Leidenschaft
durch die beiden hindurch
erfahren
wozu jede und jeder
gerufen ist

LIEBEN

Ob ich es je wirklich getan habe
und annehmen konnte
spielt in diesem Augenblick
keine Rolle
Jetzt zählt es

LIEBEN
LEIDEN
STERBEN
AUFERSTEHEN
mitten im Tag
im Hier und Jetzt

3. August 1999, 11.00 Uhr

Die ersten vierzig Jahre
meines Lebens war vor allem
mein Leidensdruck
meine Antriebskraft
die Kunst zu überleben
meine Geschichte zu bewältigen
viel Angst und Unsicherheit
die ich überspielte

Jetzt erst erahne ich
deine Kraft der Liebe

Was immer dieses oft gebrauchte
Wort »Liebe« auslöst
für mich steht es heute in Verbindung mit
Einlassen
Loslassen
Hingabe
Vertrauen

Schmerzvoll bleibt anzunehmen
dass es so lange gedauert hat
und ich hoffe in aller Realitätsbezogenheit
dass ich mehr lieben kann
auch dich

4. August 1999, 8.30 Uhr

Persönliche Notizen

10 | Von den Wendungen zur Mitte

In der Kathedrale von Chartres: Ich durchschreite das größte aller Kirchenlabyrinthe. Eine unvergessliche Erfahrung, die sich mit meinen Lebenserfahrungen deckt: Es gibt keinen geraden Weg zur Mitte, viele Wendungen sind nötig, sogar eine Kehre von 180°. Das verheißungsvolle Zentrum scheint so nah; und als ich meinte ich käme an, da versperrt sich mir der Weg wieder. »Was habe ich falsch gemacht, bin ich auf dem Irrweg?«, war meine Frage. – Eine falsche Frage! Ich werde zwar vorerst vom Ziel weggeführt, es sieht aus, wie wenn ich gar nicht ankäme. Ich verstehe diesen Weg nicht mehr. Es kann doch nicht sein, dass ich so nah am Ziel nochmals so weit hinaus muss. Aber es gibt kein Zurück. Ich bin aufgefordert, mit ganz verschiedenen Gefühlen diesem, meinem Weg zu folgen. Das Hin und Her ist auf einmal kein sinnloses Wiederholen, sondern ein Rhythmus, eine Einladung, meiner Seele viel Zeit zu lassen. Erst im Nachhinein lese ich, dass das Labyrinth von Chartres mit seinen zwölf Umläufen 28 (!) Kehren von 180° beinhaltet. Es sind Wende-Punkte, die mich an all die Wende-Zeiten in meinem Leben erinnern.

Im Nachhinein wurde das Beschreiten des Labyrinths für mich doch zur heilsamen Erfahrung. Wie in meinem Leben sehe ich im Nachhinein die größeren Zusammenhänge, den roten Faden. Blicke ich zurück auf meinen zehnjährigen Weg in Fontaine-André, so spüre ich immer mehr diese befreiende Entlastung. Dieser Weg wird immer wieder Höhen und Tiefen, Hin und Her, Klarheit und Unsicherheit, Zweifel und Vertrauen beinhalten. Auch dieses Buch lebt von der aufatmenden Zusage, sich und andere nicht zu überfordern, sich nicht in einengenden Vorstellungen einschließen zu lassen, die mich hindern, meinen Weg mit all seinen Wendungen zu gehen.

Eindrücklich die Lebensweisheit, die ich beim Begehen jedes Labyrinths erfahre: Ich kann nicht in der Mitte bleiben, die Mitte weist mich wieder hinaus an meinen Ort im Alltag. All die mystischen Biografien, die ich kenne, verdeutlichen diese Wirklichkeit. Die Mystik führt in meinen Beruf, in meine Beziehungen, in mein Wohnviertel, in mein Land, in meine Welt voller Krieg und Ungerechtigkeit. Da will die Mitte sich im hoffnungsstiftenden Dasein bewähren. Stellvertretend bringt das die sympathische Mystikerin Teresa von Avila auf den Punkt. Am Ende ihres Hauptwerkes »Die innere Burg«, in dem sie den Weg in die Mitte als einen Weg durch sieben Wohnungen beschreibt, sagt sie klar und deutlich: »Ich habe euch bereits gesagt, dass die Ruhe, welche die Seelen in ihrem Inneren erfahren, ihnen dazu geschenkt wird, dass sie im äußeren Leben umso weniger Ruhe benötigen und umso leichter darauf verzichten.«[116]

Überall, wo ich bin, kann ich in diesen heiligen Raum in mir eintreten; kann ich diese Ruhe wieder ›abrufen‹ oder – um in der Computersprache zu reden – kann ich da anklicken. Dazu bedürfen wir intensiver Ruheerfahrungen, Oasen, längerer Schweigezeiten; doch diese sind da, um jene Spur im Alltag weiterführen zu können. Es gibt keinen Ort, der nicht zum heiligen Ort werden kann. Alles, was ich tue, kann zur Meditation werden, »weil Gott mitten im täglichen Einerlei waltet – in einem ›Dazwischen‹, das nicht außerhalb von jenem Ort liegt, wo das Reich Gottes ist (Lk 17,21). Wir begegnen Gott zwischen den Dingen: in seinem Innern und zwischen uns und ihnen.«[117]

Darum brauchen wir Zwischenhalte und Zwischenräume. Alltagsrituale können dabei eine Hilfe sein. Denn meine Mitte spüre ich nicht nur in der Langsamkeit, im Schweigen, sondern auch da, wo ich voll im Fluss des Lebens bin, wo ich voll in meinem Element bin. Darum ist das »Ich-bin« so wichtig, damit ich selbst-los werden kann. Die engagierte Benediktinerin Joan Chittister spricht mir aus dem Herzen: »Sich vorzustellen, dass spirituelles Leben überhaupt in ungehinderter Fülle gelebt werden könnte, wenn es nicht durch das Selbst, das Ich-bin, in uns durchgeht, spiegelt nur in Verstümmelung, was Spiritualität wirklich ist und reflektiert in Verzerrung, was Gott in Wahrheit ist. Schon die Vorstellung, dass sich das spirituelle Leben eines Menschen bis zur höchsten Blüte entfalten soll, ohne dass er oder sie je den Duft eines Feldes voller Rosen geatmet, einen See in der Morgendämmerung gesehen, auf einem Hügel im hohen Gras gesessen, Seide auf der Haut gespürt, einen Hund umarmt oder einen Säugling an der Brust gehalten, grenzt ans Lächerliche. Die Erfahrungen der Greifbarkeit des Lebens aus der Gleichung der Heiligkeit auszuklammern macht aus der Spiritualität etwas Körperloses, aus dem Sakrament des Lebens Ödland.«[118] Diese Mitte erfahre ich, wenn ich wirklich in das Leben eintauche, mich freue *und* unsicher bin, mich glücklich erahne *und* Fehler mache, mich erfüllt erfahre *und* mitschreie.

Mystische Vertiefung 37

»Rabbi Chanoch erzählte: Es gab einmal einen Toren, den man den Golem nannte, so töricht war er. Am Morgen beim Aufstehn fiel es ihm immer so schwer, seine Kleider zusammenzusuchen, dass er am Abend, dran denkend, oft Scheu trug, schlafen zu gehn. Eines Abends fasste er sich schließlich ein Herz, nahm Zettel und Stift zur Hand und verzeichnete beim Auskleiden, wo er jedes Stück hinlegte. Am Morgen zog er wohlgemut den Zettel hervor und las: ›Die Mütze‹ – hier war sie, er setzte sie auf, ›Die Hosen‹, da lagen sie, er fuhr hinein, und so fort, bis er alles anhatte. ›Ja aber, wo bin ich denn?‹, fragte er sich nun ganz bang, ›wo bin ich geblieben?‹ Umsonst suchte und suchte er, er konnte sich nicht finden. – ›So geht es uns‹, sagte der Rabbi.«[119]

Martin Buber (1878-1965)

»Wo bin ich? – Wer bin ich? – Wo bin ich geblieben?«, sind zentrale Lebensfragen, die nie ganz beantwortet werden können. Jedes Mal, wenn sie mir neu gestellt werden, erschrecke ich; die Worte bleiben mir im Hals stecken. Paradoxerweise bin ich im Eingestehen dieser Unsicherheit ganz nah bei mir, ganz am Leben, das eben immer Geheimnis bleibt.

Die achtsame Lebensgestaltung, zu der ich mich und andere bestärke, versucht täglich auf diese Fragen zu antworten. Darum ist es wichtig, sich von anderen, auch von den Schätzen der Tradition, inspirieren zu lassen *und* zugleich die ureigene Antwort zu finden.

Denn meine Mitte finde ich nur, wenn ich ein Original bleibe und nicht eine Kopie der Vorstellungen und Erwartungen werde. Aus dieser Haltung entstand meine Alltagsspiritualität. Wir beginnen in unserem offenen Kloster den Tag schweigend in der Kapelle, machen am Mittag einen Schweige-Halt und schließen abends schweigend den Tag ab.

Als »Bewegungstyp« möchte ich jedoch Meditation weiter fassen. Wenn ich einen Morgen lang in den Begleitgesprächen intensiv zugehört habe oder sehr konzentriert geschrieben habe, dann braucht meine Seele Bewegung. Darum wasche ich sehr gerne Berge von Geschirr ab, in größter Geschwindigkeit. Wer dies von außen betrachtet, kann meinen, ich sei im Stress (das bin ich übrigens auch manchmal!). Doch wenn ich – bewusst als Ausgleich zu meinem Stillsitzen – in höchster Konzentration sehr schnell abwasche, dann fühle ich meine Mitte, dann meditiere ich. So kann der Weg zur Mitte im Fußballspielen, im Musizieren, beim Schwitzen während der Gartenarbeit, im Entwerfen eines Konzeptes sich ereignen, wenn, ja wenn ich mir dessen bewusst werde. In all meinem Suchen suche ich letztlich meine Mitte, Gott, meine allerinnerste Mitte.

Mystische Vertiefung 38

»Die Erklärung, wie ein Mensch ein Leben aktiven gesellschaftlichen Dienens in vollkommener Übereinstimmung mit sich selbst als Mitglied der Gemeinschaft des Geistes leben soll, habe ich in den Schriften der großen mittelalterlichen Mystiker gefunden. Für sie war › Selbsthingabe‹ der Weg zur › Selbstverwirklichung‹. Sie fanden in der › Einsamkeit des Geistes‹ und in der Innerlichkeit die Kraft, Ja zu sagen, wo immer sie sich den Forderungen ihrer bedürftigen Mitmenschen gegenübergestellt sahen.

Liebe – dieses oft missbrauchte und falsch verstandene Wort – bedeutete für sie nichts als das Überfließen der Kraft, von der sie sich erfüllt fühlten, wenn sie in wahrhaftem Selbstvergessen lebten. Und diese Liebe fand ihren natürlichen Ausdruck in der bedenkenlosen Erfüllung ihrer Pflicht und in einer uneingeschränkten Hinnahme all dessen, was das Leben ihnen persönlich an Mühen, Leiden – oder an Beglückung – brachte.«[120]

Dag Hammarskjöld (1905-1961)

Wenige Menschen wussten, dass der schwedische Generalsekretär der Vereinten Nationen, der in einem rätselhaften Flugzeugabsturz in Zentralafrika am 17. September 1961 starb, einen inneren Weg ging. Sein geistliches Tagebuch »Zeichen am Weg« machte es offensichtlich. Allein schon diese Tatsache lässt aufhorchen. Mehr Menschen, als wir wissen und ahnen, gehen einen inneren Weg: einen ganz persönlichen Erfahrungsweg, in dem sie sie selber werden und sich im Engagement verwirklichen. Um dieses Überfließen der erhaltenen Kraft geht es im Leben.

Mir tut es so gut, dass im ökumenischen Miteinander diese mystische Spur freigelegt wird, so wie dies Gerhard Wehr in seinem Buch »Mystik im Protestantismus« und natürlich Dorothee Sölle und Jörg Zink tun. Aus meiner allerinnersten Mitte heraus leben, heißt für mich die göttliche Spur in allen Menschen guten Willens zu erkennen. Dabei will ich niemanden vereinnahmen; doch erlebe ich im Kino – dies nur als Beispiel – Spiritualität konkret. Und wenn Rosa Luxemburg (1871-1919), die engagierte Revolutionärin, aus dem Gefängnis zu Neujahr an Mathilde Wurm vom Menschsein schreibt, dann erkenne ich darin meine Vision einer Welt, in der mehr Frauen und Männer mit Rückgrat, mit Stärken und Schwächen an der Zukunft mitgestalten: »Mensch sein heißt, sein ganzes Leben ›auf des Schicksals großer Wage‹ freudig hinwerfen, wenn's sein muss, sich zugleich aber an jedem hellen Tag und jeder schönen Wolke freuen, ach ich weiß keine Rezepte zu schreiben, wie man Mensch sein soll, ich weiß nur, wie man's ist, und du wusstest es auch immer, wenn wir einige Stunden zusammen im Südender Feld spazieren gingen und auf dem Getreide roter Abendschein lag. Die Welt ist so schön bei allem Graus und wäre noch schöner, wenn es keine Schwächlinge und Feiglinge auf ihr gäbe. Komm, du kriegst doch noch einen Kuss, weil du doch ein ehrlicher kleiner Kerl bist. Prosit Neujahr.«[121]

Unvollkommen bleiben dürfen, um nicht feige zu sein, sondern um in aller Begrenztheit dem Leben auf den Grund zu gehen! Auf diesem Grund Gott selber als tiefsten Grund erahnen, ist in allen Lebensbereichen möglich. Da ereignet sich meine Mitte alltäglich neu.

Mystische Vertiefung 39

»FAHRRADSPIRITUALITÄT

Es ist wie mit einem Fahrrad,
das sich nur aufrecht hält, wenn es fährt;
ein Fahrrad, das schief an der Wand lehnt,
bis man sich darauf schwingt
und schnell auf der Straße davonbraust.

Unser heutiges Leben ist gezeichnet
von einem allgemeinen, Schwindel erregenden
Ungleichgewicht.
Sobald wir uns hinsetzen, es zu betrachten,
kippt es und entgleitet uns.

Wir können es nur aufrecht halten,
wenn wir weitergehen, wenn wir uns hineinstürzen
in den Schwung verzehrender Liebe ...

Aber für uns spielt das Abenteuer deiner Gnade
in einer Zeit, die in ihre Freiheit verliebt ist,
so sehr, dass sie fast aus der Bahn gerät.
Du willst uns keine Landkarte geben.
Unser Weg führt durch die Nacht.
Kommt eine neue Strecke,
so leuchtet ein Licht auf,
wie die Lampe eines Signals.
Oft ist das Einzige,
was sich sicher einstellt,
eine regelmäßige Müdigkeit aufgrund
derselben Arbeit, die jeden Tag zu tun ist,
desselben Haushalts, der wieder zu bewältigen ist,
derselben Fehler, die wir bekämpfen,
derselben Dummheiten, die wir unterlassen wollen.

Aber außerhalb dieser Gewissheit
ist alles Übrige deiner Fantasie überlassen, o Gott,
die es sich bei uns gemütlich macht.«[122]

Madeleine Delbrêl (1904-1964)

Madeleine Delbrêl, Sozialarbeiterin in Ivry, einem Vorort von Paris, eine Mystikerin unserer Zeit, bringt in einer alltagsnahen Sprache zum Ausdruck, was ich unter dem großen Wort »Mitte« verstehe: wie das Fahrrad in Fahrt bleiben, doch sich dabei aufrecht halten, authentisch werden, offen für die Verabredungen mit dem Leben im Hier und Jetzt. Freiheit und Geborgenheit brauchen wir, um uns entfalten zu können. Gott mutet uns die Freiheit zu, das Mündigsein im Glauben, ein Abenteuer der Gnade. Dabei sollen wir nicht überrascht sein, dass uns auf dem geerdeten Weg der Innerlichkeit das ganz Menschliche begegnet, wie die Müdigkeit, das Bewältigen des Alltags, die Fehler und Dummheiten. Dahinein spricht Madeleine ihre wohltuenden Worte von der Fantasie Gottes, »die es sich bei uns gemütlich macht«, weil es keinen gottlosen Menschen gibt. Kein Mensch kann Gott loswerden. Unsere Aufgabe – für mich auch in der Kirche – besteht darin, der Fantasie Gottes mehr Raum zu geben, ihr uns anzuvertrauen, sie zu kultivieren im Benennen und Feiern dieser sinnstiftenden Wirklichkeit. Das Wesentliche im Leben ist ein Geschenk. Gott kommt all unseren Ritualen und Gebeten mit seiner fantasievollen Gnade zuvor und dabei macht er es sich gemütlich bei uns, weil auch er uns braucht. Der Sufi-Meister Rumi sagt voller Poesie: »Nicht nur die Durstigen suchen das Wasser, das Wasser sucht auch die Durstigen.«[123] Dieses Urvertrauen fließt als göttliche Quelle in uns allen.

Mystische Vertiefung 40

 »Mensch, werde wesentlich: denn wenn die Welt vergeht,
so fällt der Zufall weg, das Wesen, das besteht.

Gelassenheit fängt Gott: Gott aber selbst zu lassen,
ist eine Gelassenheit, die wenig Menschen fassen.

Den Himmel wünsch ich mir, lieb aber auch die Erden:
denn auf derselbigen kann ich Gott näher werden.«[124]

Angelus Silesius (1624-1677)

»Mensch werde wesentlich«: Diese Worte des Mystikers Angelus Silesius aus seinem »Cherubinischen Wandersmann« begleiten mich seit Jahren. Er versteht seinen Weg zu Gott als Wanderung. Mit Hunderten von Sinnsprüchen – wie den ausgewählten drei – beschreibt er dieses Unterwegssein. Sie ergänzen sich, scheinen widersprüchlich, sprechen an, stellen infrage, fordern heraus, finden den Weg direkt ins Herz. Das schätze ich an den mystischen Texten. Sie rufen mich zur Eigenverantwortung, zum eigenen Fühlen und Denken und sie erinnern mich, dass ich auf diesem persönlichen Weg auf die Gemeinschaft angewiesen bin. Diese Spannung findet sich in allen mystischen Traditionen. Zum Beispiel im Buddhismus ist die Gruppe, die »Sangha«[125], ganz wichtig. Denn ohne gegenseitige Unterstützung finden wir uns nur schwer auf den vielen Wendungen zur Mitte, mit den vielen Wende-Zeiten im Leben zurecht.

Erstaunlich ist – oder eben nicht –, dass auch in der christlichen Mystik das Lassen der Gottesbilder bei vielen Mystikerinnen und Mystikern ein Thema ist: Suche Wege, Formen, Worte, Rituale auf dem Weg zur Mitte und lass sie immer wieder, denn nur so bleibt deine Beziehung zum Wesentlichen lebendig! So bestimmt auch Angelus Silesius das tiefste Geheimnis der Gelassenheit: als Sehnsucht nach dem Ankommen, nach dem Himmel und zugleich als Liebe zur Erde, zu dem was ist, denn da nähere ich mich Gott.

Meine allerinnerste Mitte ist Christus. Beim Meditieren atme ich darum das Wort Chris-tus ein und aus, seit Jahren. Christus verbinde ich nicht mehr mit Bildern, sondern mit dem göttlichen Funken in mir: mit der Christuskraft, die mich verbindet mit allem, was lebt, mit Schöpfung und Kosmos. In der Lebensschule Jesu habe ich dies erfahren. In den Worten des Liebhabers des Lebens, in seinen heilenden Begegnungen, in seinem Widerstand und seiner Konfliktfähigkeit, in seiner Compassion, wird für mich offen-sichtlich, wie nah und doch ganz anders Gott ist. Im Wort »Christus« verdichtet sich all das für mich. Auch jetzt beim Schreiben finde ich kaum Worte, um wirklich auszudrücken, was ich ganz tief in mir fühle: meine Mitte, die ich jeden Tag neu suche und finde, verliere und finde, ertaste und finde, loslasse und finde, erringe und finde, genieße und finde ...

Meditationstexte

Du
längst bevor ich dich suche
suchst du mich
ich lasse mich
von dir finden

Ich bin einfach da

5. August 1999, 21.30 Uhr

Diese kostbaren Momente des Seins
in Erinnerung halten
diese Minuten des Getragenseins
in der Kontemplation
wo ich mich nicht mehr
konzentriere auf meinen Atem
wo die Worte
Christus
Dasein
Mitsein
nicht mehr hörbar sind
einzig tief fühlbar
kostbare Momente des Seins

6. August 1999, 9.00 Uhr

Verwandlung wird möglich
in den kraftvollen Momenten
wo ich loslasse
nichts mehr will und tun muss
wo alle wichtigen Bemühungen
sich lösen
und in mir mein Atem fließt

Verwandlung wird spürbar
wenn ich mich lasse
die anderen lasse
Dich lasse
all mein Planen
all meine Ohnmacht
all mein Wünschen
Dir überlassen
weil du mich bewegst
zu echter tiefer Lebendigkeit

7. August 1999, 8.45 Uhr

———————

Welch klare Sicht
weithinein in die Berge
das Gewitter hat reinigende Kraft

Auch ich spüre tiefe Klarheit in mir
dass es gut ist und wird
Deine Gnade genügt
Dein Mitsein ist allerinnerste Mitte
wo in der Tiefe die Quelle fließt
wo Stürme des Lebens stattfinden
wo Ängste mich einholen
liegt noch tiefer in mir
der innere Raum der Stille
wo niemand Zutritt hat
wo die Erwartungen mich nicht
erreichen können

wo die Ängste keinen Eintritt haben
wo ich spüre
wie du mich in meinem Rhythmus
atmen
wachsen
reifen lässt

7. August 1999, 13.30 Uhr

Loslassen können
ist das größte Ziel im Leben
darum lasse ich dieses Ziel los

Alles daran setzen
um das Leiden zu verhindern
und zu überwinden
und alles tun
um das Leiden ins Leben
zu integrieren
weil es keine Liebe
ohne Leiden gibt

Es kommt auf mich an
und hängt letztlich nicht
von mir ab

Glücklich sein kann ich nur
wenn ich dieses Paradox
in meinem Leben annehme

In der Spannung bleiben
damit mir ein
spannendes Leben
geschenkt bleibt

Dank dir

9. August 1999, 18.00

Es gibt keine Antwort
auf die Frage nach dem Leiden
dem monströsen
himmelschreienden
schrecklichen
entsetzlichen Leiden

Es gibt eine Antwort
dabeibleiben
mitleiden
berühren
aushalten
trösten
mitschreien

Hoffnung
dass du mitaufstehst

10. August 1999, 10.00 Uhr

Erfüllt von Lebensfreude
herzhaftes Lachen
wo ich sein kann
ohne all die Ansprüche und Erwartungen
denen ich zu sehr
meine Lebendigkeit opfere
erfüllt vom Mut
Dir
mein Leben anzuvertrauen
weil ich dadurch nicht
eingeengt und fremdbestimmt werde
wie so oft befürchtet
sondern erlöst vom Leistungsdruck
und befreit zum lachenden Gang

12. August 1999, 21.30

Mich in aller Freiheit
in Beziehungen einlassen
zärtliche Umarmungen genießen
mich des Klammern- und Habenwollens bewusst sein
und zugleich vertrauen
dass ich anders, gelöster Nähe wagen kann
weil ich auch innere Distanz habe
und im Herzen weiß
wie jede Begegnung
Zwischenräume braucht
und Geschenk ist

14. August 1999, 8.00

Persönliche Notizen

Mein Coming Out –
Ein Brief (Ende Juni 2002)

Liebe Mitglieder des Freundeskreises von Fontaine-André!

Gerade stehen für mein Leben
Zu-Grunde-gehen
Loslassen

sind die drei Grundhaltungen, die ich in meinen über 25 Büchern aufscheinen lasse und die ich in Hunderten von Vorträgen entfaltet habe. Jedes Mal war mir mehr oder weniger bewusst, dass mich diese Worte irgendwann im Leben einholen werden. Jetzt ist es so weit.

Ich will gerade stehen für meine Homosexualität, was mich zu-Grunde-gehen und vieles mir sehr Vertrautes loslassen lässt.

Mit 49 Jahren will ich mich befreien von dieser Grundangst vor der homosexuellen Ausrichtung, die natürlich nur ein Teil meines vielfältigen Lebens ist und auf die ich mich auch nicht reduzieren lasse. Doch sie will nun verantwortungsvoll-partnerschaftlich gelebt werden. Die ersten dreißig Jahre meines Lebens habe ich sie verdrängt, danach bis zu meinem Zusammenbruch mit 38 Jahren bekämpft und seither versuchte ich, sie zu integrieren; ohne sie auszuleben. Dies gelang mir dank dem Schreiben und dank dem Mitgestalten an unserem offenen Klosterprojekt. Doch das Geheimhalten kostete mich immer wieder viel Energie.

Letzten November hat mich mitten im Erfolg und im gut eingespielten Team von Fontaine-André ein Tinnitus eingeholt, der mich seither als unerträgliches Pfeifen wie eine Alarmanlage in meinem linken Ohr begleitet. Von Anfang an habe ich versucht, dieses Signal ernst zu nehmen, weil ich ahnte, dass es ein tiefer Schrei meiner Seele ist. Ich habe über 30 Vorträge und Kurse abgesagt, war einen Monat in einer Spezialklinik in Kur und habe viele (auch alternative) Heilmethoden gesucht; ohne Erfolg bis heute. Mein Leidensdruck stieg von Nacht zu Nacht und hat mich wieder zu einer intensiven Auseinandersetzung mit meiner Affektivität und Sexualität geführt. Dies ist sicher nur ein Teil einer Deutung des komplexen Tinnitusphänomens; doch es hat mich existenziell getroffen: erstaunlicherweise nicht wie bisher im Bestimmtsein durch Angst, die zur Depression führt, sondern trotz allem schweren Leiden und Ringen im Verstärken meiner Lebenskraft, um endlich gerade stehen zu können für mein homophiles Fühlen. Denn nicht ich habe es gesucht, sondern Gott als Urgrund allen Lebens hat mich so wunderbar geschaffen und gestaltet.[126]

Da nach offizieller, katholischer Tradition schwule Menschen ihre Sexualität nicht leben dürfen, habe ich keine Chance, im kirchlichen Dienst zu bleiben. Obwohl ich mit Leib und Seele ein priesterlicher Mensch bleibe, gehe ich in Würde und lege mein Priesteramt nieder.

Ich werde bis Ende 2002 die vorgesehenen Kurse leiten. Es ist mein Wunsch und der Wunsch des Kernteams, dass ich nach einer Neuorientierungszeit auch in Zukunft in Fontaine-André Menschen begleite und Kurse leite, obwohl sich eine wohnliche Veränderung aufdrängt.

Voll Dankbarkeit sehe ich, was in den letzten Jahren in Fontaine-André wachsen und reifen konnte. Darum bitte ich euch von Herzen, diesen heilsamen Hoffnungsort weiterhin zu unterstützen. Voll Schmerz und Hoffnung breche ich auf in eine ungewisse Zukunft. Schmerz über die Enge einer Kirche, in der so viele Menschen keinen Platz haben.

Hoffnung, dass ich weiterhin vielen Menschen ein spiritueller Begleiter sein kann, in Gesprächen, Kursen, Lesungen und vor allem durch meine Bücher.

Mit kraftvollen Segenswünschen

[Unterschrift]

Mein Credo

Ich glaube an Gott,
den tragenden Grund in meinem Leben.
Ich kann seine Spur entdecken
in der Schöpfung, in der Stille,
im Guten im Menschen,
in allem Geheimnisvollen des Lebens,
das uns übersteigt.

Ich glaube an Jesus, unseren Befreier.
Durch seine Lebensfreude,
seine kämpferische Solidarität und
seine heilende Zuwendung
kann ich erfahren,
wie Gott mit uns umgeht.
Er erlöst uns von den
Allmachtsfantasien,
alles selber machen zu müssen.

Ich glaube an die Kraft der Freundschaft,
die sich in der lebensspendenden Hoffnung
der Freundin Geist erfahren lässt.
Sie bewegt uns zur Zärtlichkeit und
zum Aufstand für das Leben.
Sie führt uns zusammen,
um die Kirche zu erneuern,
im Engagement für ein Leben vor dem Tod,
für alle
und in der Hoffnung auf ewiges Leben.

Pierre Stutz (Geschrieben 1999)

Auf den Weg zur Unvollkommenheit

Es war einmal ein weiser Rabbi, zu dem kamen viele Menschen, um ihn um Rat zu fragen. Sie kamen mit den unterschiedlichsten Problemen und Anliegen zu ihm. Für alle hatte er ein Wort und er hatte für jeden Menschen einen weisen Rat. Er sprach lange zu ihnen, machte ihnen Mut durch seine Worte, stärkte sie für ihren Weg und am Ende segnete er sie. Mit der Zeit jedoch wurden seine Reden kürzer. Er sprach nur noch wenig, manchmal nur ein einziges Wort – und er segnete sie.

Eines Tages geschah es allerdings, dass er gar nicht mehr sprechen konnte, denn er war stumm geworden. Dennoch kamen alle Leute weiter zu ihm und suchten seine Nähe. Nun, wo er nicht mehr sprechen konnte, hörte er den Menschen einfach zu, die zu ihm kamen und weinten und klagten, seufzten und stöhnten unter der Last ihres Lebens. Sie vertrauten ihm ihre Sorgen, Probleme und Nöte an. Der weise Rabbi schenkte ihnen sein Ohr und hörte ihnen zu, denn er war ein guter Zuhörer. Am Ende segnete er sie.

Eines Tages geschah es, dass seine Ohren taub wurden. Er konnte nicht mehr hören. Aber auch das hinderte die Menschen nicht daran, weiter zu ihm zu kommen. Der weise Rabbi konnte ihnen weder ein Wort mit auf den Weg geben noch ihnen sein Ohr schenken, dennoch kamen die Menschen zu ihm. Was konnte der Rabbi nun noch für sie tun? Was hatte er ihnen zu geben? – Er sah die Menschen an mit seinem gütigen, liebevollen Blick – und er segnete sie.

Eines Tages geschah es, dass seine Augen blind wurden. Auch wenn er die Menschen nicht mehr sehen konnte, kamen sie dennoch weiter zu ihm. Und es kamen sogar immer mehr und sie kamen und kamen. Stumm, taub, blind war er nun. Der weise Rabbi konnte zu den Menschen nicht mehr sprechen, ihnen nicht mehr zuhören und sie nicht mehr ansehen – aber er segnete sie.

Eines Tages konnte er auch nicht mehr segnen. Nun, wo er doch scheinbar nichts mehr zu geben hatte, ließen da die Menschen wohl von ihm ab und suchten nicht mehr seine Nähe? Was hatte der weise Rabbi den Menschen noch zu geben, nun, wo er stumm und taub und blind geworden war und sie nicht einmal mehr segnen konnte? – Die Menschen jedoch kamen und kamen und kamen – und sie legten ihr Ohr an sein Herz.

Frei nacherzählt von P. Dominikus Lankes Ocarm

Anhang

Anmerkungen

1 Vgl. Kurt Ruh, Geschichte der abendländischen Mystik. Band I: Die Grundlegung durch die Kirchenväter und die Mönchstheologie, C.H. Beck, München 1990. Band II: Frauenmystik und Franziskanische Mystik der Frühzeit, C.H. Beck, München 1993. Band III: Die Mystik des deutschen Predigerordens und ihre Grundlegung durch die Hochscholastik, C.H. Beck, München 1996. Band IV: Die niederländische Mystik des 14. bis 16. Jahrhunderts, C.H. Beck, München 1999.

2 Vgl. Rosa Luxemburg, mit Selbstzeugnissen und Bilddokumenten dargestellt von Helmut Hirsch, Rowohlt, Reinbek bei Hamburg [20]1998.

3 30-tägige Exerzitien in Notre Dame de la Route, Fribourg. Vgl. Ignatius, Geistliche Übungen. Übertragung und Erklärung von Adolf Haas, Herder, Freiburg i.Br. [10]1966.

4 Jean-Baptiste de La Salle. Expérience et enseignement spirituels, par Michel Sauvage et Miguel Campos, Beauchesne, Paris 1977, 229.

5 Otto Betz, Hildegard von Bingen. Gestalt und Werk, Kösel, München 1996, 55.

6 Ebd., 40.

7 Ruediger Dahlke, Krankheit als Sprache der Seele. Be-Deutung und Chance der Krankheitsbilder, Goldmann, München [7]1997, 18-19.

8 Kurt Ruh, Band I, a.a.O., 363.

9 Lady Julian of Norwich, Offenbarungen von göttlicher Liebe, Johannes, Einsiedeln [2]1998, 49-50.

10 Ebd. 50.

11 Mechthild von Magdeburg, »Ich tanze, wenn du mich führst«. Ein Höhepunkt deutscher Mystik, ausgewählt, übersetzt und eingeleitet von Margot Schmidt, Herder, Freiburg i.Br. 2001, 68.

12 Vgl. Lady Julian of Norwich, a.a.O., 11.

13 Kurt Ruh, Band III, a.a.O., 419.

14 Jacqueline Keune, Als ob das Eine das Ganze wäre. Erfahrungen. Episoden. Einsichten, db-verlag, Luzern 2001, 14-15.

15 Joan Chittister, Unter der Asche ein heimliches Feuer. Spiritueller Aufbruch heute, Don Bosco, München 2000, 28.

16 Bernhard von Clairvaux, herausgegeben, eingeleitet und übersetzt von Bernardin Schellenberger, Walter, Olten 1983, 77-79.

17 Ebd., 88-89.

18 Zit. nach Ingeborg Wolf, Mystik – Zen, Kontemplation, Yoga, Kabbala, Sufismus, Taoismus. Praxis und Orientierung im Spiegel von Religion, Psychologie, Naturwissenschaft und Gesellschaft, Logos, Frankfurt 2000, 273.

19 Meister Eckehart, Deutsche Predigten und Traktate, herausgegeben und übersetzt von Josef Quint, Diogenes, Zürich 1979, 55-56.

20 Ebd., 57.

21 Teresa von Avila, »Ich bin ein Weib – und obendrein kein gutes«. Eine große Frau, eine faszinierende Mystikerin, ausgewählt, übersetzt und eingeleitet von Erika Lorenz, Herder, Freiburg i.Br. [3]2000, 34.

22 Vgl. Pierre Stutz, Licht in dunkelster Nacht. Vier Briefe an bekannte Mystiker, Vier-Türme, Münsterschwarzach [2]2001, 59-88.

23 Teresa von Avila, »Ich bin ein Weib«, a.a.O., 50.

24 Vgl. Pierre Stutz, Du hast mir Raum geschaffen. Psalmengebete, Claudius, München [4]1999.

25 Pierre Stutz, Heilende Momente. Gebärden – Rituale – Gebete, Kösel, München [2]2000, 26.

26 Daniel Hell, Die Sprache der Seele verstehen. Die Wüstenväter als Therapeuten, Herder, Freiburg i.Br. 2002, 39.

27 Vgl. Pierre Stutz, Alltagsrituale. Wege zur inneren Quelle, Kösel, München [7]2002.

28 Jean Monbourquette, Umarme deinen Schatten. Negative Energien in positive verwandeln, Herder, Freiburg i.Br. 2001, 66-67.

29 Kurt Ruh, Band I, a.a.O., 400.

30 Ernesto Cardenal, Ufer zum Frieden. Ein Meditationsbuch mit Fotos von Conrad Contzen, Jugenddienst, Wuppertal 1977, 18.

31 Kurt Ruh, Band II, a.a.O., 174.

32 Dorothee Sölle, Mystik und Widerstand. Du stilles Geschrei, Hoffmann und Campe, Hamburg 1997, 213.

33 Ebd., 213.

34 Thich Nhat Hanh, Das Herz von Buddhas Lehre. Leiden verwandeln – die Praxis des glücklichen Lebens, © Verlag Herder, Freiburg 2. Auflage 200, 11.

35 Ebd., 12.

36 Pierre Teilhard de Chardin, Briefe an Frauen, herausgegeben und erläutert von Günther Schiwy, Herder, Freiburg i. Br. 1988, 128-130.

37 Josef Sudbrack / Wulf Ligges, Das wahre Wort der Ewigkeit

wird in der Einsamkeit gesprochen. Meister Eckharts Seinsmystik und die Erfahrung der Wüste, Echter, Würzburg 1989, 45.

38 Friedrich Rittelmeyer, Meditation. Zwölf Briefe über Selbsterziehung, Urachhaus, Stuttgart [13]1989, 42.

39 Ebd., 17.

40 Ebd., 42.

41 Lao Tse, Tao Te King, neu ins Deutsche übertragen von Hans Knospe und Odette Brändli, Diogenes, Zürich 1985, 11.

42 Angelus Silesius, Der Himmel ist in dir. Von der Seelenlust mystischer Frömmigkeit, eingeleitet und herausgegeben von Manfred Baumotte, Benziger, Zürich und Düsseldorf 1997, 69.

43 Kurt Ruh, Band II, a.a.O., 361.

44 Ebd., 363.

45 Martin Buber, Ich und Du, Lambert Schneider, Heidelberg [11]1983, 99. © Gütersloher Verlagshaus GmbH, Gütersloh

46 Wolfgang W. Müller, Simone Weil: Das Wagnis eines Lebens, Kanisius, Freiburg/Schweiz 2001, 24.

47 Mechthild von Magdeburg, »Ich tanze«, a.a.O., 56.

48 Ebd., 57.

49 Hildegund Keul, »du bist eine Lust meiner Gottheit« – Mechthild von Magdeburg, in: Meditation. Zeitschrift für christliche Spiritualität und Lebensgestaltung, Mainz 26.Jg. Heft 2/2000, 29.30.

50 Dorothee Sölle, a.a.O., 151.

51 Mechthild von Hackeborn, Das Buch vom strömenden Lob, Auswahl, Übersetzung und Einführung von Hans Urs von Balthasar, Herder, Freiburg i.Br. 2001, 63.

52 Fulbert Steffensky, Das Haus, das die Träume verwaltet, Echter, Würzburg [5]1999, 46-47.

53 Franz von Sales, Im Seelengrund ruht aller Streit. Betrachtungen über die Gottesliebe, herausgegeben von Manfred Baumotte, Benziger, Zürich und Düsseldorf 2001, 133.

54 Mechthild von Magdeburg, »Ich tanze«, a.a.O., 62.

55 Ebd., 85.

56 Peter Schellenbaum, Das Nein in der Liebe. Abgrenzung und Hingabe in der erotischen Beziehung, dtv, München [13]1997, 8.13.

57 Annemarie Schimmel, Rumi. Meister der Spiritualität, Herder, Freiburg i.Br. 2001, 110.

58 Raimon Panikkar, Das Göttliche in Allem. Der Kern spiritueller Erfahrung, Herder, Freiburg, i.Br. 2000, 111.

59 Kurt Ruh, Band II, a.a.O., 147.149.154.

60 Wunibald Müller, Sich verlieben. Eine verwandelnde Kraft, Grünewald, Mainz 2001, 76.

61 Ebd., 71.

62 Jaschke, Jesus der Mystiker, Grünwald, Mainz 2000, 165.

63 Dionysius Areopagita, Ich schaute Gott im Schweigen. Mystische Texte der Gotteserfahrung, übersetzt und für die Meditation erschlossen von Volkmar Keil, Herder, Freiburg i.Br. 1985, 45.

64 Richard Rohr, Wer loslässt, wird gehalten. Das Geschenk des kontemplativen Gebets, Claudius, München 2001, 40.

65 Vgl. Pierre Stutz, Licht in dunkelster Nacht, a.a.O., 39-58.

66 Martin Gutl, Ich begann zu suchen. Texte der Hoffnung, Styria, Graz.

67 Annemarie Schimmel, Rumi, a.a.O., 44.

68 José Sanchez de Murillo, Dein Name ist Liebe, Bastei, Bergisch-Gladbach 1998, 55.56.

69 Dionysius Areopagita, a.a.O., 65.

70 Ebd., 47.

71 Kurt Ruh, Band III, a.a.O., 75.

72 Ebd., 169.

73 Christian Feldmann, Thérèse von Lisieux. Die schwarze Nacht des Glaubens, Herder, Freiburg i.Br. 1997, 137.

74 Ebd., 110.

75 Ebd., 11.

76 Johannes vom Kreuz, Die dunkle Nacht und die Gedichte, Johannes, Einsiedeln [4]1992, 206-207.

77 Wunibald Müller, Dein Herz lebe auf. Hilfen aus der Depression, Vier-Türme, Münsterschwarzach 2000, 7.

78 Paul Celan, Gesammelte Werke in fünf Bänden. Erster Band: Gedichte I, Suhrkamp, Frankfurt a.M. 1986, 211.

79 Lydia Koelle, Jüdischer Glaube nach der Shoah: Paul Celan, in: Meditation. Zeitschrift für christliche Spiritualität und Lebensgestaltung, Mainz, 27.Jg. Heft 4/2001, 23.

80 Paul Celan, a.a.O., 41.

81 Vgl. ferment 3/2002: Baum-Zeichen, Pallottiner, CH-9200 Gossau 2002.

82 Rainer Maria Rilke, Das Stundenbuch, Suhrkamp, Frankfurt a.M. 1996, 11.

83 Khalil Gibran, Der Prophet, neu übertragen von Ulrich Schaffer, Herder, Freiburg i.Br. 2002, 73.

84 Wunibald Müller, Trau deiner Seele, Grünewald, Mainz 2001, 123-124.

85 Martin Buber, Die Erzählungen der Chassidim, © Manesse Verlag, Zürich [13]1993, 613.

86 Gershom Scholem, Die jüdische Mystik in ihren Hauptströmungen, Suhrkamp, Frankfurt a.M. [6]1996, 358.

87 Gertrud die Große, Gesandter der göttlichen Liebe, nach der Ausgabe der Benediktiner von Solesmes übersetzt von Johannes Weißbrot, Herder, Freiburg i.Br. 2001, 76.

88 Kurt Ruh, Band II, a.a.O., 29.

89 Ebd., 194.

90 Ebd., 479.

91 Ebd,. 489.

92 Kurt Ruh, Band IV, a.a.O., 62.

93 Edith Stein, Im verschlossenen Garten der Seele, ausgewählt und eingeleitet von Andrés E. Bejas, Herder, Freiburg i.Br. 1987, 48.38.

94 Hilde Domin, Gesammelte Gedichte, S. Fischer, Frankfurt a.M. [3]1991, 176.

95 Thomas Merton, Freiheit in seinem Geist, mit einer Einführung und ausgewählt von Wunibald Müller, Grünewald, Mainz 2000, 104-105.

96 Johann Baptist Metz, Religion ist Mitleidenschaft, Interview von Benno Bühlmann, in: Neue Luzerner Zeitung, 02.02.2001, 39.

97 Willigis Jäger, Die Welle ist das Meer. Mystische Spiritualität, herausgegeben von Christoph Quarch, Herder, Freiburg i.Br. 2000, 96.

98 Gotthard Fuchs, Vom Mehrwert des Christlichen. Zur Debatte zwischen Willigis Jäger und Thomas Ruster, in: Christ in der Gegenwart, Freiburg i.Br. Nr. 30/2000, 246.

99 Bert Hellinger, Entlassen werden wir vollendet, Kösel, München [2]2002, 124-125.

100 Meister Eckehart, Deutsche Predigten, a.a.O., 287.

101 Kurt Bendlin, Den Baum umarmt. Die Niederlage wurde mein größter Lehrmeister, Publik-Forum Extra: Der Sinn meines Lebens. 40 persönliche Antworten, Oberursel 2001, 14.

102 Johannes Tauler, Predigten, übertragen und herausgegeben von Georg Hofmann, Herder, Freiburg i.Br. 1961, 273-274.

103 Richard Rohr, a.a.O., 147.

104 Simone Weil, Aufmerksamkeit für das Alltägliche. Ausgewählte Texte zu Fragen der Zeit, herausgegeben und erläutert von Otto Betz, Kösel, München [3]1994, 65-66.

105 Hildegard Marcus, Spiritualität und Körper. Gestaltfinden durch Ursymbole, Benno, Leipzig [2]2000, 63-64.

106 Im Haus des Islam. Horizonte Materialheft 15, Institut für Religionspädagogik der Erzdiözese Freiburg, 2000, 25.

107 Hans Küng, Weltethos für Weltpolitik und Weltwirtschaft, Piper, München und Zürich 2000, 364.

108 Pierre Stutz, Heilende Momente, a.a.O., 109.

109 Dorothee Sölle, Mystik und Widerstand, a.a.O., 268.

110 Kurt Ruh, Band I, a.a.O., 302.304.

111 Ebd., 282.

112 Lao Tse, a.a.O., 7.

113 Willigis Jäger, a.a.O., 34.35.

114 Kurt Ruh, Band IV, a.a.O., 72.

115 Zit. nach Dorothee Sölle, Mystik und Widerstand, a.a.O., 311.
116 Teresa von Avila, Die innere Burg, Diogenes, Zürich 1979, 211.
117 Raimon Panikkar, a.a.O., 152.
118 Joan Chittister, a.a.O., 225-226.
119 Martin Buber, Die Erzählungen der Chassidim, vgl. Anmerkung 85, 837.
120 Aus: Zeichen am Weg, © 1965 Droemer Knaur, München.
121 Rosa Luxemburg, a.a.O., 98.
122 Zit. nach Gotthard Fuchs (Hrsg.), » ... in ihren Armen das Gewicht der Welt«. Mystik und Verantwortung: Madeleine Delbrêl, Knecht, Frankfurt a.M. 1995, 150-151. © Edition du Seuil, Paris.
123 Annemarie Schimmel, a.a.O., 65.
124 Angelus Silesius, a.a.O., 86.89.111.
125 Vgl. Thich Nhat Hanh, a.a.O., 162-169.
126 Empfehlenswerte Bücher:
Urs Mattmann, Coming In. Spiritualität für Schwule und Lesben, Kösel, München 2002; Peter Bürger, Das Lied der Liebe kennt viele Melodien. Eine befreite Sicht der homosexuellen Liebe, Publik-Forum, Oberursel 2001.

Verzeichnis der mystischen Originaltexte – nach Kapiteln

Inspiration für jeden von uns

Eine sensible Begleitung auf dem inneren Weg
Wer wirklich lebendig werden will, braucht die
kontinuierliche Einübung in Spiritualität. Deswe-
gen schlägt dieses Buch neue Rituale für unseren
hektischen Alltag vor. Mystische und biblische Texte
werden für heute fruchtbar gemacht. Weg-Gebete
und spirituelle Alltagsübungen stützen den konse-
quenten Weg zu persönlicher spiritueller Reife.

Mystisches Leben im Alltag 12 Mal bringt es Pierre
Stutz auf den Punkt: Was macht den Lebensstil eines
mystischen Christen heute aus? Dazu schöpft er aus den
Biografien 60 wichtiger Mystikerinnen und Mystiker
ebenso wie aus eindrucksvollen Szenen zeitgenössi-
scher Kinofilme. Lebensnah und höchst inspirierend.

Im Körper wirkt, wovon der Geist überzeugt ist

Unsere Selbstheilungskräfte sind stärker, als wir denken. Wie stark, zeigt dieses Buch, das Schulmedizin und Selbstheilung endlich unter einen Hut bringt.

Zahllose Studien belegen, dass der lang unterschätzte Placebo-Effekt für die Gesundung wie auch zur Prävention genutzt werden kann. Zur optimalen Aktivierung der Selbstheilungskräfte plädiert Lissa Rankin für ein Zusammenspiel von Medizin, ganzheitlichen Methoden, persönlicher Verantwortung und den eigenen Fähigkeiten. Ihr spezieller Ansatz hilft dabei, den Weg zu Wohlbefinden, Vitalität und Ganzheit zu finden. Mit vielen Fallbeispielen und einem 6-Schritte-Programm zur Selbstheilung.

**Der anerkannte spirituelle Lehrer und
Benediktinermönch gibt wertvolle
Einblicke in das, was Liebe ausmacht**

Ein großer spiritueller Lehrer, der Zen-Meister und
Benediktinermönch Willigis Jäger, schreibt über die
Liebe: Sie steht inmitten jeder spirituellen Suche.
Aus ihrer Kraft erwächst das Einverständnis mit sich
und der Welt. Probleme lösen sich auf und müssen
nicht mehr gewaltsam bekämpft werden. Die Liebe
bringt uns in Einklang mit der ganzen Schöpfung.

PENGUIN VERLAG